Wolfgang Schmidt
Friedrich Wilhelm Henkel

Pfeilgift-
frösche im
Terrarium

Wolfgang Schmidt
Friedrich Wilhelm Henkel

Pfeilgift-
frösche im
Terrarium

Landbuch
Verlag

Hinweis:

Alle in diesem Buch enthaltenen Angaben wurden von den Autoren nach bestem Wissen und Gewissen erstellt und von ihnen und dem Verlag mit größtmöglicher Sorgfalt überprüft. Eine Verantwortung und Haftung für etwaige inhaltliche Unrichtigkeiten kann jedoch nicht übernommen werden. Der Haftungsausschluß gilt nicht, soweit nach dem Produkthaftungsgesetz für Personen- und Sachschäden gehaftet wird.

Jeder Leser muß beim Umgang mit den genannten Stoffen, Materialien, Geräten usw. Vorsicht walten lassen, die Gebrauchsanweisungen und Herstellerhinweise beachten und den Zugang für Unbefugte verhindern. **Obgleich nach Angaben der Autoren bisher keine Giftunfälle bekanntgeworden sind, muß bei den Pfeilgiftfröschen speziell beachtet werden, daß es sich um Gifttiere handelt: Die Terrarien müssen also unbedingt vor dem Zugang durch Unbefugte gesichert werden.**

Die Hinweise zur Behandlung von Krankheiten dürfen auf keinen Fall als Aufforderung zur Ausführung durch den Laien selber aufgefaßt werden. In erster Linie ist immer der Tierarzt zuständig.

Wer sich direkt mit den hier vorgestellten Tieren beschäftigen will, muß dabei unbedingt das Artenschutzrecht beachten. Zur Zeit unterliegen alle Pfeilgiftfrösche (Familie Dendrobatidae) dem Schutz des WA oder der Bundesartenschutzverordnung – d. h., sowohl bei importierten Tieren als auch bei solchen aus Nachzuchten müssen bestimmte Bescheinigungen vorliegen, und ihre Haltung muß bei der zuständigen Behörde angemeldet werden (s. Abschnitt „Arten- und Tierschutz" im Text).

Fotos:

Hendrick Heinemann, Braunschweig:	Seiten 10 links, 94 unten, 98.
Friedrich Wilhelm Henkel, Bergkamen:	Seiten 67 (2), 74, 75 unten, 78, 82, 102 unten, 103 unten.
Dirk Jörgens, Berlin:	Seiten 26 unten, 103 oben.
Volker Külpmann, Cuxhaven:	Seiten 102 oben, 107 unten.
Dr. Horst Lüddecke, Bogota:	Seiten 10 Mitte, 10 rechts, 63.
Bernd Pieper, Münster:	Seiten 91 oben, 107 oben.
Wolfgang Schmidt, Soest:	Seiten 18, 19 unten, 27, 30, 31 (3), 34, 35 (3), 39, 62 (2), 70, 71 (2), 75 oben, 79 (2), 83, 86, 87 (2), 90 oben, 94 oben, 95, 99 (2), 106, 110 unten, 111 (2).
Erwin Schröder, Kiel:	Seiten 26 oben, 66.
Rainer Stockey, Hagen:	Seiten 14, 19 oben, 22, 59, 90 unten, 110 oben.
Alexander Widmer, Zürich:	Seiten 23, 91 unten.

Sämtliche Zeichnungen: Marianne Hoffmann, Unna

Lektorat: Dr. Helge Mücke, Hannover
Gesamtherstellung: Landbuch-Verlag GmbH, Hannover
ISBN 3 7842 0519 4

Inhalt

Geleitwort

Unter allen Amphibien, die von uns mehr oder weniger naturentwöhnten Zivilisationsmenschen als Beobachtungs-, Studien- und Pflegeobjekte in Obhut genommen werden, spielen die Pfeilgiftfrösche oder Dendrobatiden eine ganz besondere Rolle. Dies liegt sicher zum einen an der faszinierend-bunten Schönheit der meist tagaktiven Baum- oder Blattsteiger, wie sie in Übersetzung der beiden klassischen Gattungsnamen *Dendrobates* und *Phyllobates* auf deutsch oft heißen; es liegt aber auch an ihren rätselhaften oder gar etwas unheimlichen Eigenschaften, nach denen man sie auch Färber- oder Pfeilgiftfrösche nennt. Ersteres, weil die Indianer der Neotropis sie dazu benutzten, Federn zu färben, und zwar am lebenden Vogel! Rupft man etwa einer grünen Amazone ein Federfeld und bestreicht die nackte Haut des Vogels mit Hautsekret eines solchen Frosches, können die Federn z. B. gelb nachwachsen. Diese „Tapirage" genannte Technik erfuhren die europäischen Naturforscher schon vor ca. 200 Jahren, und der fast vor diesem Zeitraum beschriebene *Dendrobates tinctorius* erhielt seinen Artnamen gerade deswegen. Bekannter noch ist die Giftwirkung des Hautsekrets dieser Frösche, die in abgeschwächter Form bei allen Amphibien vorkommt und die primäre Aufgabe hat, die stets feuchte Haut im bakterienreichen Substrat zu autodesinfizieren, also vor Infektionen zu schützen. Die Dendrobatiden entwickelten hieraus die vollkommenste Strategie, sich zahlreicher Freßfeinde zu erwehren. Sie kombinierten ihre Giftigkeit mit entsprechenden, für unser Auge so attraktiven Warntrachten, um den hungrigen Prädator, den Beutegreifer gleich vom Vorkosten abzuhalten. Auf diesen Trick verfielen ja unsere Unken und Feuersalamander auch.

Die Erfolge in der Haltung und Zucht dieser faszinierenden Froschfamilie haben sich in den vergangenen Jahren stetig verbessert. Einher damit ging eine ständig verbesserte Erforschung ihrer Lebensweise, vor allem der einzigartigen Fortpflanzungsbiologie – und das haben wir zum Großteil unseren Amateur-Herpetologen zu verdanken, sie haben bisher großartig gearbeitet. Kein Wunder, daß die Gemeinde der Pfeilgiftfrosch-Liebhaber, der „Dendrobatophilen" ständig zunimmt, und der offenen Fragen sind genug, um die intensive Weiterbeschäftigung mit der Haltung dieser Tiere sinnvoll erscheinen zu lassen. Dafür bedarf es aber immer wieder zusammenfassender Fachbücher, die das bisherige, in vielen Zeitschriften verstreute oder aber nur mündlich in kleinen Zirkeln weitergegebene Wissen bündeln, aufbereiten und einer möglichst breiten Leserschaft zugänglich machen.

Die beiden Verfasser dieses Buches haben für diese wichtige Funktion bereits einen guten Namen. Allerdings ist er bislang mit verschiedenen Echsenfamilien, nämlich Geckos, Chamäleons und Leguanen verknüpft. Die Verfasser zeigen jedoch auch in diesem Buch, daß sie ein großes Spektrum spezifischer Fachliteratur beherrschen und daß sie ihre Kenntnisse vor dem Hintergrund eigener Erfahrungen aus der Natur und der Terrarienhaltung zu einer gut gegliederten Synthese ausbauen können.

Wer sich in die zahllosen Details, die in diesem Buche geboten werden, vertieft, wird bald merken, daß doch nicht alle Dendrobatiden tagaktiv sind, daß eine recht große Zahl doch nicht wirklich giftig ist, daß es strittige und offene Fragen zuhauf gibt. Dies sollte Motivation genug sein, sich ebenfalls mit diesen faszinierenden Fröschchen zu beschäftigen, im kooperativen Verbund mit denen, die unsere bisherigen Kenntnisse erarbeitet haben.

Priv.-Doz. Dr. Wolfgang Böhme

Bonn, im Februar 1995

Vorwort

Unter den zahlreichen im Terrarium gepflegten Amphibien- und Reptilienarten nehmen die Pfeilgiftfrösche eine ganz besondere Stellung ein. Dies liegt zum einen an dem überaus attraktiven Aussehen vieler Arten, vor allem aber an ihrem interessanten und einmaligen Verhalten.

Bei den Fröschen aus der Familie der Dendrobatidae handelt es sich aber nicht nur um bunte „Juwelen", zahlreiche Arten zeigen die typische Schreckfärbung nur ansatzweise oder gar nicht. So besitzen die meisten *Colostethus-, Nephelobates-, Aromobates- und Mannophryne*-Arten lediglich eine braune Tarnzeichnung, die die Frösche in ihrem natürlichen Lebensraum schwer entdeckbar macht. Allen Arten gemeinsam ist jedoch die Tagaktivität – genauer gesagt, allen in unseren Terrarien gepflegten Arten, denn 1991 wurde *Aromobates nocturnus* entdeckt, die erste bekannte nachtaktive Pfeilgiftfroschart – und das hochkomplexe Verhalten. Es ist immer wieder spannend, die Frösche bei ihren Revierkämpfen, bei der Balz, bei der Brutpflege usw. zu beobachten.

Da die Dendrobatiden zu den kleinwüchsigen Amphibien-Familien gehören – sie erreichen in der Regel nur Größen von 15 bis kaum über 60 mm – stellen sie ideale Terrarienpfleglinge dar.

In den letzten Jahren hat sich die Anzahl der Nachzuchten, aber auch die Anzahl der nachgezogenen Arten so stark erhöht, daß es mit etwas Geduld keine Schwierigkeiten bereitet, Tiere der gesuchten Art zu erhalten. Aus Artenschutzgründen sollte man immer nur Jungtiere von einem erfahrenen Züchter erwerben, natürlich ausgestattet mit allen notwendigen Papieren.

Dieses Buch will die Familie der Dendrobatidae vorstellen und Angaben zur Haltung und Zucht der am häufigsten gepflegten Arten machen. Dabei handelt es sich jedoch nicht um eine Enzyklopädie mit dem Anspruch auf Vollständigkeit.

Besonders bedanken möchten wir uns an dieser Stelle beim Landbuch-Verlag, der uns mit diesem Buch die Möglichkeit gab, eigene praktische Erfahrungen und die aus der Literatur zusammengetragenen Erkenntnisse einer breiten Öffentlichkeit zugänglich zu machen.

Ebenfalls besonders bedanken möchten wir uns bei Herrn Stefan Lötters, Bonn, und Herrn Rainer Stockey, Hagen, dafür, daß sie sich der mühevollen Aufgabe des Korrekturlesens unterzogen haben.

Letztlich herzlicher Dank gebührt aber auch vor allem den Terrarianern und Herpetologen, die durch Informationen, das Beschaffen von Literatur, dadurch, daß sie Bilder zur Verfügung stellten, usw. zum Gelingen dieses Buches beigetragen haben. Besonders erwähnt seien hier in alphabetischer Reihenfolge: Herr PD Dr. Wolfgang Böhme, Museum Alexander Koenig, Bonn, Herr Ingo Brand, Bönen, Herr Franz Ensinck, NL-Maastricht, Herr Sebastian Heinecke, Wuppertal, Herr Hendrik Heinemann, Braunschweig, Herr Dirk Jörgens, Berlin, Herr Volker Külpmann, Cuxhaven, Herr Rüdiger Lippe, Dortmund, Herr Dr. Horst Lüddecke, Universidad de los Andes, Santafé de Bogotá, Kolumbien, Herr Joachim Piechottka, Seeth, Herr Bernd Pieper, Münster, Herr Manfred Salewski, Dinslaken, Herr Achim Sameit, Bergkamen, Herr Erwin Schröder, Kiel, Frau Bettina Seume, Soest, Herr Karl-Friedrich Steffen, Kamen, Herr Adolfo Amezquita Torres, Universidad de los Andes, Santafé de Bogotá, Kolumbien und Herr Alexander Widmer, Zürich.

I. Biotop, Lebensweise und Habitus

Systematik und Herkunft

Bereits vor über 350 Millionen Jahren, während des sogenannten Mittel-Devons, haben die Amphibien den entscheidenden Schritt in ihrer Entwicklung zur Besiedlung des Festlandes getan und das Wasser verlassen. Seit dieser Zeit haben sie eine ganze Reihe morphologischer und ökologischer Anpassungen für das Leben an Land vorgenommen. Sie sind jedoch fast immer in bestimmten Abschnitten ihrer Entwicklung weiterhin auf den Lebensraum Wasser angewiesen.

Vermutlich erst viel später, im Tertiär, ca. vor 60 Millionen Jahren, zum Ende des Paläozäns, dürfte sich die sehr junge Familie der Dendrobatidae entwickelt haben (ZIMMERMANN & ZIMMERMANN, 1988). Entstanden sind die Dendrobatiden zusammen mit der Unterfamilie der Elosiinae (Familie Leptodactylidae), deren Verbreitungsgebiet in Südamerika direkt an das der Pfeilgiftfrösche angrenzt. Beide Familien besitzen auch heute noch zahlreiche Gemeinsamkeiten. So sind sie tagaktiv, und auch die Elosiinae sollen Hautgifte aufweisen.

Andere Autoren, z. B. MAXSON & MYERS, 1985, halten die Gattung *Phyllobates* nur für etwa 5 Millionen Jahre alt, wohingegen SILVERSTONE, 1975, das Alter der Dendrobatiden auf etwa 44 Millionen Jahre schätzt.

Wie auch immer der genaue Ablauf der Evolution für die Familie der Dendrobatidae vonstatten gegangen ist, läßt sich aufgrund fehlender fossiler Funde, die sich wegen der klimatischen Bedingungen möglicherweise gar nicht bilden konnten, nicht mehr genau klären.

Bis heute fehlt eine zusammenfassende taxonomische Revision der gesamten Familie. Lediglich zu den einzelnen Gattungen gibt es umfangreichere Arbeiten. So bearbeitete EDWARDS 1974 die Gattung *Colostethus* und führte 63 Taxa auf. Die Abgrenzung zu den anderen Gattungen erfolgte aufgrund ihrer Ungiftigkeit (neuste Untersuchungen zeigen jedoch, daß auch *Colostethus inguinalis* toxisch ist, DALY, GUSOVSKY, MYERS, YOTSU-YAMASHITA & YASUMOTO, 1994) und ihrer unscheinbaren Färbung, die anstelle von Gift und Schreckfärbung den Tieren ein Überleben ermöglicht. Nur ein Jahr später bearbeitete SILVERSTONE, (1975) die Gattung *Dendrobates*, für die er 33 Arten aufführte. Und wieder ein Jahr später (SILVERSTONE, 1976) erschien seine Revision der Gattung *Phyllobates*, der er 28 Arten zuordnete. Bei seinen Untersuchungen verwandte er rein morphologische Merkmale für die Bestimmung der farbigen und giftigen *Dendrobatiden*-Arten. Bereits 1978 trennten MYERS, DALY & MALKIN die meisten *Phyllobates*-Arten aufgrund toxikologischer Untersuchungen wieder von dieser Gattung ab und stellten sie zur Gattung *Dendrobates*. Nur 5 Arten beließen sie in der Gattung: *Phyllobates aurotaenia*, *P. bicolor*, *P. lugubris*, *P. terribilis* und *P. vittatus*. 1987 spaltete MYERS zwei neue Gattungen von den Dendrobaten ab, *Epipedobates* mit 22 Arten und *Minyobates* mit 8 Arten. Wiederum erfolgte die Zuordnung aufgrund toxikologischer Untersuchungen. 1988 überarbeiteten ZIMMERMANN & ZIMMERMANN die Familie der Dendrobatidae und zogen diesmal zu den morphologischen und biochemischen Kriterien auch ethologische in ihre Untersuchungen mit ein. Danach unterteilen sich die Dendrobatiden in 9 Artengruppen, und schließlich als Folge davon stellten sie 2 neue Gattungen auf, die monotypische Gattung *Allobates* mit der einen Art *Allobates femoralis* und die Gattung *Phobobates* mit den Arten *Phobobates bassleri*, *P. silverstonei* und *P. trivittatus*.

1991 gelang die erstaunliche Entdeckung der ersten nachtaktiven Dendrobatidenart, *Aromobates nocturnus*, mit der die Beschreibung einer weiteren monotypischen Gattung durch MYERS, PAOLILLO &

DALY erfolgte. Gleichzeitig geben die Autoren erste Hinweise auf ein Aufteilen der Gattung *Colostethus*. Diese ließ dann auch nicht lange auf sich warten. So spaltete LA MARCA, 1991 und 1994, von *Colostethus* die neuen Gattungen *Mannophryne* sowie *Nephelobates* ab.

Bei den deutschen Namen herrscht in der terraristischen Literatur ein gewisses Durcheinander. So heißen die Frösche der Gattung *Colostethus, Nephelobates* und *Mannophryne* Raketenfrösche, die *Dendrobates*-Arten (nach SILVERSTONE, 1975) Baumsteigerfrösche und die *Phyllobates*-Arten (nach SILVERSTONE, 1976) Blattsteigerfrösche. Daneben werden aber auch häufig für die Frösche der Gattungen *Dendrobates* und *Phyllobates*, jeweils im früheren Sinne, die Namen Farb- oder Pfeilgiftfrosch verwendet, wohingegen MYERS & DALY 1983 den Namen „Pfeilgiftfrosch" auf die 5 Arten der Gattung *Phyllobates* beschränkten und den Begriff Farbfrösche auf die gesamte Familie der Dendrobatidae anwenden. Wir verwenden, da in der deutschsprachigen Literatur am geläufigsten, für alle Arten aus der Familie der Dendrobatidae den Namen Pfeilgiftfrösche.

Immer noch werden neue Arten und, wie man sieht, sogar neue Gattungen entdeckt, die das Bild dieser interessanten Familie erweitern. Da auch ferner noch die gesamte Systematik in Teilen sehr umstritten ist, bleibt abzuwarten, was sich durchsetzt, und auf eine zusammenfassende taxonomische Revision der Familie zu hoffen.

So fehlt bis heute eine eingehende Untersuchung, ob das Hautgift wirklich von den Fröschen selbst und nicht von symbiontisch auf der Haut lebenden Bakterien erzeugt wird. Für eine eigene Giftproduktion spricht die schnelle und enorme Giftausscheidung der Tiere im gestreßten Zustand, allerdings nur bei Wildfängen. Dagegen spricht jedoch die völlige Ungiftigkeit von Nachzuchten im Terrarium.

Um nun den Einstieg in die neue Systematik nicht zu schwierig zu gestalten, haben wir bei allen Arten ggf. auch die alten Bezeichnungen aufgeführt.

Verbreitung und Lebensraum

Auch heute noch leben die Dendrobatiden ausschließlich in Mittel- und Südamerika. Außerhalb dieses Gebietes findet man lediglich *Dendrobates auratus* auf Hawaii, wo die Art ausgesetzt wurde und sich eine seit über 60 Jahren bestehende Population gebildet hat. Das eigentliche Verbreitungsgebiet läßt sich heute etwa als das Gebiet von Süd-Nicaragua über Costa Rica, Panama, Kolumbien, Ecuador, Venezuela, Guyana, Surinam, Französisch-Guyana bis nach Brasilien, Bolivien und Peru umschreiben. Ferner lebt auf den Karibikinseln Trinidad und Tobago noch *Dendrobates auratus* und *Mannophryne trinitatis* sowie auf Martinique *Colostethus chalcopis*. Entscheidender Faktor für die heutige Verbreitung ist einmal der Ort ihrer Entwicklung, aber auch das Unvermögen der Dendrobatiden, wie bei allen Amphibien, die Körpertemperatur über physiologische Prozesse zu steuern. Und so stellt die Familie heute einen reinen Bewohner der warmen Tropen dar.

Innerhalb dieses riesigen Verbreitungsgebietes haben sich die einzelnen Arten den unterschiedlichsten Lebensräumen angepaßt. Aber auch innerhalb einzelner Arten gibt es beträchtliche Unterschiede. Während einige kleinste Verbreitungsgebiete bewohnen, besiedeln andere zum Beispiel das ganze Amazonasgebiet. Für die artgerechte Haltung und Zucht ist es daher unerläßlich, daß man weiß, woher die Tiere stammen. Die riesige Verbreitung einzelner Arten war erstmals 1994 (HENZL & HÖDL) Gegenstand einer umfangreichen Untersuchung. Im Tiefland Amazoniens leben in der Regel in jedem Primärwaldstück etwa 3 bis 5 bodenbewohnende Dendrobatidenarten aus den Gattungen *Allobates (Epipedobates), Colostethus, Epipedobates* und *Mannophryne* zusammen. Bisher wurde daher angenommen, daß es sich um einige wenige weit verbreitete Arten handelt. Diese Arten wurden nun an 14 Orten in verschiedenen Teilen Amazoniens beispielhaft anhand von *Allobates (Epipedobates) femoralis* einmal genauer untersucht. Dabei wurden Tonbandaufnahmen und Schallpegelmessungen der Rufe gemacht, aber ebenso

Links: Einblick in den Lebensraum der
Pfeilgiftfrösche: Dendrobatidenbiotop in Peru.

Mitte: Biotop von *Colostethus palmatus*
in Kolumbien.

Rechts: Biotop von *Colostethus subpunctatus*
in 3 500 m Höhe.

wurden Gewebeproben entnommen und
die DNA teilweise sequenziert. Ferner
wurden im Terrarium Kreuzungsexperi-
mente mit Vertretern aus verschiedenen
Populationen durchgeführt. Es zeigten sich
konstante Unterschiede in der DNA-Se-
quenz und in den Rufparametern. Zusätz-

lich erwiesen sich die zentral- und die
westamazonischen *Allobates-femoralis*-Po-
pulationen als genetisch inkompatibel.
Verantwortlich für diese eigenständige
Entwicklung dürften wohl der Amazonas-
fluß und seine größeren Zuflüsse sein, da
sie den Genaustausch zwischen den einzelnen Populationen verhindern bzw. stark
einschränken. Für die Terraristik ist es
daher unerläßlich, Tiere aus einer einzigen
Population zu erhalten.
Das Klima innerhalb des riesigen Verbreitungsgebietes kann als warm bis feucht-
heiß bezeichnet werden. In der Regel

zeichnet es sich durch geringe Temperatur-
schwankungen – sowohl im Tag/Nacht- als
auch im Jahresrhythmus – aus. Leider sind
die genauen Klimadaten aus den Lebensräumen nur sehr spärlich in der Literatur
zu finden. Hier zwei Beispiele: Beutelschiess & Beutelschiess, 1983, geben
für *Dendrobates speciosus* die folgenden
im natürlichen Lebensraum gemessenen
(1020,5 m über NN, Panama am Chiriqui-
fluß) Daten an: Die Tagesmaximaltempe-
raturen liegen im Jahresschnitt zwischen
20 und 23 °C, die Tagesminimaltemperatu-
ren zwischen 15,5 und 16,5 °C und die

Durchschnittstemperaturen zwischen 18
und 19,5 °C, die monatliche Niederschlags-
menge liegt zwischen 227 und 478 mm.

Kneller, 1983, maß im Biotop von
Dendrobates fantasticus (Peru, Provinz San
Martin) im Januar eine relative Luftfeuchtigkeit von 90 % und Temperaturen morgens um 7 Uhr von 20 °C (800 m über NN)
und 22 °C (500 m über NN). Diese stiegen
in der Mittagszeit auf 25 °C (800 m über
NN) und 27 °C (500 m über NN).

Neben unterschiedlichen Klimaten bewohnen die Dendrobatiden auch eine ganze

11

Reihe unterschiedlicher Habitate. Grundsätzlich jedoch handelt es sich um Bewohner des dort vorherrschenden Urwalds, an dessen Boden es kaum direkte Sonneneinstrahlung gibt. Dort führen die meisten Arten eine rein terrestrische (bodenbewohnende) Lebensweise. Nur selten einmal steigen die Frösche etwas höher in die bodennahe Vegetationszone, und nur wenige Arten (z. B. *Dendrobates ventrimaculatus)* führen eine zumindest teilweise oder überwiegende arboreale (baumbewohnende) Lebensweise.

Das häufigste Habitat ist der Waldboden der primären Regenwälder. Zahlreiche Arten siedeln aber auch in älteren Sekundärwaldbeständen. Dort findet man Dendrobatiden unmittelbar auf und in der Laubschicht, häufig an Gewässerrändern, aber auch in felsigen Schluchten, die eine hohe relative Luftfeuchtigkeit aufweisen und deren Spalten ideale Zufluchtsorte darstellen. Bei zahlreichen Arten besitzen die Tiere ein festes Versteck inmitten ihres Territoriums, in das sie sich bei Gefahr fluchtartig zurückziehen. Dies können Hohlräume unter einem umgekippten Baumstamm, zwischen alten Wurzeln, unter Steinen u. ä. sein. Meist verlassen sie ihr Versteck nur zur Nahrungsaufnahme und zur Fortpflanzung. Andere Arten (z. B. *Dendrobates pumilio*) sind fast den ganzen Tag aktiv und verbringen viel Zeit mit der Revierverteidigung.

Zu den paarweise auf dem Boden lebenden Arten gehören die Frösche aus dem *Dendrobates-tinctorius*-Komplex. In der Regel besitzen die Paare feste Reviere, die sie gegen Eindringlinge verteidigen und aus denen sie zu groß gewordene Jungtiere vertreiben. Häufig liegen diese in der Nähe von Gewässern. Um aber auch nicht nur gewässernahe Habitate besiedeln zu können, bringen z. B. die Frösche einiger *Dendrobates-auratus*-Populationen ihre Kaulquappen in hoch gelegene, immer mit Wasser gefüllte Baumhöhlen.

Andere Arten, z. B. *Phobobates silverstonei,* weisen eine stark saisonale Fortpflanzungszeit auf. Die Tiere leben während der Trockenzeit sehr zurückgezogen auf stark mit Moosen und Farnen bewachsenen Hängen und nur während der Regenzeit verlassen sie diese und sind in großer Anzahl auf den freien Flächen wie den heute dort angelegten Teeplantagen zu finden. Da bei allen *Phobobates*-Arten die Männchen die Kaulquappen in eine geeignete Wasseransammlung bringen, wurden früher fast ausschließlich Männchen importiert, da sie nach dem Verlassen der schützenden Hänge leicht zu fangen waren, im Gegensatz zu den immer versteckt lebenden Weibchen.

Bei der Wahl des Lebensraumes werden selbst kleinste Gebiete nicht ausgespart. So bewohnt *Dendrobates azureus* (HOOGMOED, 1972) die Sipaliwinisavanne im Südwesten Surinams an der Grenze zu Brasilien. Die ganze Savanne besteht aus niedrigen mit Gras bewachsenen Hügeln. In einigen kleinen Waldinseln, vermutlich natürliche Überbleibsel eines Waldes, leben die Frösche. Dort müssen nach HOOGMOED folgende Bedingungen gegeben sein: Die Waldinseln stehen auf einem Abhang längs eines Wasserlaufes, dessen Wasser nur eine kurze Strecke über den Waldboden fließt und dann zwischen großen Felsblöcken verschwindet, um ungefähr 15 Meter tiefer wieder aufzutauchen. Zwischen diesen abgerundeten, mit Farnkräutern und Moosen bewachsenen Felsen gibt es große Höhlen. Nur in deren unmittelbarer Nähe leben die Frösche.

Einen ganz anderen Lebensraum an den Waldrändern, wo die Pflanzenwelt oft ein undurchdringliches Dickicht darstellt, bewohnt *Dendrobates ventrimaculatus*. Dabei leben die Frösche meist auf Bäumen und in der Kraut- und Buschvegetation. Am leichtesten findet man die Tiere in Bromelien oder in anderen Trichtergewächsen. In Französisch-Guyana hat sich die Art schon der neu entstandenen Kultursteppe angepaßt und lebt selbst in Gärten und Parkanlagen (KÜLPMANNN, mündl. Mitt.).

Sehr unterschiedlich kann der Lebensraum von *Dendrobates pumilio* aussehen. Auch diese Art stellt eigentlich einen reinen Primärwaldbewohner dar. Die Frösche leben auf dem Urwaldboden im Laubstreu, klettern aber gerne auch höher in die Vegetation. Selbst die Mangrovenwälder einiger kleiner Panama vorgelagerter Inseln werden besiedelt. Im Gegensatz zu zahlreichen anderen *Dendrobates*-Arten hat der Erdbeerfrosch die Anpassung an die neuartige Kulturlandschaft erfolgreich vollzogen. So findet man die Frösche heutzutage besonders zahlreich in älteren Kakaoplantagen, wo die Tiere die mit Wasser gefüllten leeren Hülsen der Kakaoschoten zur Aufzucht ihrer Jungen nutzen. Aber selbst in ganz untypischen Lebensräumen kann man die Frösche finden. So lebt eine Population der grünen Farbvariante von *D. pumilio* auf und um einen alten Baumstamm eines umgekippten Urwaldriesen inmitten einer Art Weidelandschaft.

Einen ganz eigenen Lebensraum bewohnen die Arten der Gattung *Colostethus* im älteren Sinne („Raketenfrösche"). Man findet die Tiere fast ausschließlich entlang von Gewässern oder auf Steinen im Wasser. Es handelt sich dabei meist um kleine Bachläufe im Regenwald, aber auch stehende Gewässer werden besiedelt. LÜDDECKE (1993) gibt für *Colostethus palmatus* an, daß die Art selbst Abwasser- und Entwässerungsgräben besiedelt. Dabei leben die Tiere immer in inselartigen Populationen mit einer Länge von bis zu 200 Metern. Nur zur Nahrungssuche entfernen sich die Frösche weiter von ihrem Gewässer.

Ihren deutschen Namen Raketenfrösche verdanken die *Colostethus*-Arten ihrem Fluchtverhalten: Bei Gefahr springen die Frösche sofort kopfüber ins Gewässer und tauchen unter.

Einen für Dendrobatiden eher untypischen Lebensraum bewohnt *Epipedobates tricolor*. Die Tiere leben in einer baumlosen, sehr trockenen, savannenartigen Landschaft entlang einiger Flußläufe in Ecuador. Dort sitzen die Tiere im Bodenbereich unter Steinen, Moosen etc. oder halten sich unmittelbar in der Ufervegetation auf, genauer gesagt überall dort, wo eine ausreichende Feuchtigkeit ihnen ein Überleben ermöglicht.

Aufgrund der immer weiter fortschreitenden Biotopzerstörung durch Brandrodungen usw., scheint es nur noch eine Frage der Zeit zu sein, bis die ersten Arten in der freien Natur ausgestorben sein werden.

Daher wird in Zukunft der Erhaltungsnachzucht für die Terraristik eine immer wichtigere Rolle zukommen.

Körperbau

Die Familie der Dendrobatidae gehört wie alle Froschfamilien zur Ordnung Anura (Froschlurche) und als solche zur Klasse der Amphibien. Dieser Tierstamm nimmt eine Zwischenstellung zwischen den Fischen und den „höheren" Wirbeltieren ein.

Der Körperbau der Frösche ist eigentlich unverwechselbar. Schon recht früh in ihrer Entwicklungsgeschichte nahmen sie eine Gestalt an, die eine hüpfende Fortbewegung begünstigt. Wichtigste morphologische Anpassungen sind die kurze starre Wirbelsäule und die zu Sprungbeinen umgestalteten Hinterbeine. So bilden die Knöchel zusammen mit dem Ober- und Unterschenkel einen dritten großen Abschnitt, der den Hinterbeinen beim Sprung einen zusätzlichen mechanischen Vorteil verleiht. Auch die Dendrobatiden sind teilweise zu enormen Sprüngen befähigt, z. B. *Phobobates (Epipedobates) trivittatus* bei der Flucht. In der Regel bewegen sich die Pfeilgiftfrösche jedoch mit kurzen Hüpfern auf dem Boden fort oder klettern eher in der unteren Vegetationszone umher. Daher auch ihr Name, denn „…bates" stammt aus dem Griechischen und heißt übersetzt Geher/Steiger.

Insgesamt handelt es sich bei der Familie Dendrobatidae um eine recht kleinwüchsige Froschfamilie. Von den heute mehr als 130 bekannten Arten erreichen die kleinsten eine maximale Gesamtlänge von etwa 15 mm und die größten von kaum über 60 mm.

Haut und Häutung

Innerhalb der Anuren stellen die Pfeilgiftfrösche wohl mit eine der farbenprächtigsten Familien dar. Ihre Haut besteht aus zwei Schichten, dem Corium (Unterhaut) und der Epidermis (Oberhaut). In der Unterhaut befinden sich die Schleim- und die Giftdrüsen sowie die Farbpigmente. Das von den Schleimdrüsen laufend abgesonderte Sekret hat die für alle landbe-

Teilweise haben sie eine enorme Sprungfähigkeit (s. auch deutscher Name „Raketenfrosch"):
Dendrobat auf der Flucht (hier: *Dendrobates ventrimaculatus*).

wohnenden Amphibien wichtige Aufgabe, die Haut feucht zu halten, um somit die Hautatmung zu ermöglichen, die mittels zahlreicher in der Haut verteilter Blutkapillaren erfolgt. Bereits während der Metamorphose wird Keratin, eine hornartige Eiweißverbindung, in die Epidermis eingelagert, wodurch sie dicker und fester wird und somit die Frösche besser vor Verletzungen und gegen Austrocknung schützt. Dadurch wächst die Oberhaut nicht mehr mit und muß in regelmäßigen Abständen abgestreift werden. Diesen Vorgang kann man leider nicht so gut wie bei Reptilien beobachten, da die durchsichtige Haut im feuchten Milieu kaum auffallen würde. Und so fehlen Angaben hierüber in der Literatur bis heute. Im Terrarium kann man jedoch mit etwas Glück sein Tier beim Häuten beobachten. Manchmal erkennt man den Beginn an einer leichten Eintrübung der Haut. Die Tiere führen dann einige merkwürdige ruckartige Streckbewegungen aus und ziehen unter Zuhilfenahme der Hände und Füße Haut ab.

Über ihre Gifte und deren Wirkung

Ihre allgemeine Bekanntheit verdanken die Dendrobatiden ihrer teilweise enormen Giftigkeit. Das dafür verantwortliche, auf der Haut befindliche Giftsekret wird von mikroskopisch kleinen Hautdrüsen ausgeschieden, die vor allem dann zu arbeiten beginnen, wenn der Frosch unter „Streß" steht. Die Hauptaufgabe dieser Gifte dürfte wohl darin bestehen, den Frosch für seine Feinde ungenießbar zu machen. Aber eine wahrscheinlich ebenso wichtige zweite Aufgabe des Sekrets dürfte die Wirkung auf Mikroorganismen wie Bakterien und Pilze sein, die ja üblicherweise in dem vorherrschenden feuchtwarmen Milieu hervorragend gedeihen könnten.

Nicht alle Pfeilgiftfroscharten sind giftig. Nur annähernd 50 Arten, die alle auch über eine grelle Warnfärbung verfügen, besitzen giftige Hautsekrete. Der größte Teil der Arten – sie sind alle recht unscheinbar gefärbt – ist ungiftig.

Die genaue chemische Zusammensetzung und Verbreitung der Hautgifte wird jetzt erst allmählich entschlüsselt, obgleich die toxischen Eigenschaften einiger Dendrobatiden schon seit mehr als 100 Jahren bekannt sind.

Das Gift besteht hauptsächlich aus steroiden Alkaloiden (stickstoffartige Ringverbindungen, bestehen aus einem Stickstoff- und fünf Kohlenstoffatomen). Bisher wurden mehr als 200 verschiedene Alkaloide aus 5 unterschiedlichen Komponentenklassen isoliert. Einfache Piperidinverbindungen finden sich nur bei Fröschen der Gattungen *Dendrobates* und *Phyllobates* (im Sinne von MYERS, DALY & MALKIN, 1978). Jedoch nur bei den 5 Arten der Gattung *Phyllobates* ist die Biosynthese von Piperidin-Alkaloiden unterdrückt. An ihre Stelle tritt eine neue Klasse von außergewöhnlich giftigen Alkaloiden: die Batrachotoxine. Sie gehören zu den wirksamsten nicht eiweißhaltigen Giftstoffen der Natur. Die Wirkung des Giftes auf andere Lebewesen beruht darauf, daß sie selektiv die Durchlässigkeit der äußeren Zellmembranen für Natriumionen erhöht. Dies geschieht an jenen Ionenkanälen in der Membran, die den Einstrom von Natriumionen regulieren und bekanntlich eine Schlüsselrolle bei der Weiterleitung von elektrischen Impulsen in Nerven- und Muskelzellen spielen. Normalerweise sind diese Kanäle im Ruhezustand geschlossen, doch die gebundenen Batrachotoxin-Moleküle hindern sie daran. Somit strömen unaufhaltsam Natriumionen ein und die Zelle bleibt ständig depolarisiert. Als Folge können die Nervenzellen keine Impulse mehr weiterleiten und die Muskelzellen sich nicht mehr entspannen, sie bleiben nach einer Aktivierung kontrahiert. Die Folgen sind Herzrhythmusstörungen, Kammerflimmern und schließlich Herzversagen (MYERS & DALY, 1983).

Um einmal eine Vorstellung von der Giftigkeit von *Phyllobates terribilis* (dem „Furchterregenden") zu bekommen, eine Zahl: die Giftmenge eines Frosches reicht aus, um 20 000 Mäuse oder 10 Menschen zu töten (MYERS & DALY, 1983).

Die anderen Pfeilgiftfrosch-Alkaloide sind einfacher in ihrem chemischen Aufbau und weit weniger giftig. Wer Genaueres zu diesem Thema wissen will, der sollte die Arbeiten von DUELLMANN & TRUEB 1986, MYERS & DALY 1983 und MYERS, DALY & MALKIN 1978 lesen.

Ein ganz wichtiger Aspekt dieser Froschgifte sei hier nur am Rande erwähnt. So vermuten die Wissenschafter in vielen Substanzen starke Antibiotika und Antimykotika. Sehr spektakulär ist jedoch die jüngste Entdeckung: Chemiker des amerikanischen National Institute of Health haben in dem Hautgift von *Epipedobates tricolor* das stärkste bisher bekannte Schmerzmittel gefunden. Diese Art besitzt eine völlig neue Klasse von Alkaloiden, charakteristisch für die Struktur ist ein an die stickstoffhaltige Piperidin-Verbindung gekoppeltes Chloratom. Wie das pflanzliche Alkaloid Morphium dämpft die tierische Substanz, von den Chemikern als „Epibatiden" bezeichnet, die Schmerzleitung über die Nervenbahnen. Nur ist die Wirkung etwa 200mal stärker als die des Morphiums.

Wenn man so etwas liest, stellt sich einem unweigerlich die Frage, ist es überhaupt verantwortbar, derart „gefährliche" Tiere im Terrarium zu pflegen. Doch trotz der enormen Giftigkeit und der großen Verbreitung unter Terrarianern sind keine Giftfälle bekannt. Dies liegt wahrscheinlich daran, daß die Wildfänge in Gefangenschaft immer weniger Gift produzieren und daß die Nachzuchten kaum oder gar nicht mehr giftig sind. Trotzdem sollte man immer größte Sorgfalt im Umgang mit den Tieren walten lassen und die Terrarien vor Unbefugten sichern.

Woher die Pfeilgiftfrösche ihren Namen haben

Schon seit langer Zeit ist bekannt, daß zahlreiche Indianerstämme, die westlich der Anden im pazifischen Stromgebiet Kolumbiens leben, Froschgifte zum Präparieren ihrer Blasrohrpfeile benutzen. Im Gegensatz zu den Stämmen auf der anderen Seite der Anden, die dafür aus Pflanzen gewonnenes Curare verwenden. COCHRANE, der in den Jahren 1823 und 1824 Kolumbien erkundete, war wahrscheinlich der erste, der über diese eigenwillige Jagdtechnik berichtete. Er schrieb über diese Beobachtungen in seinem Buch „Travels in Columbia".

Als er die westlichen Anden zu Fuß überquerte, war er auf besondere Frösche aufmerksam geworden, die die Spanier rana de veneno (Giftfrösche) nannten: „ungefähr drei Inches lang, auf dem Rücken gelb und mit sehr großen schwarzen Augen". Er berichtete weiter, daß die Indianer, die das Gift verwenden, die Frösche in den Wäldern fangen und sie in einen hohlen Pflanzenstengel sperren, wo die Tiere regelmäßig gefüttert werden bis Bedarf an ihrer Giftigkeit besteht. Dann würden sie eines dieser unglücklichen Amphibien herausgreifen und ein spitzes Stück Holz in seinen Schlund hineinstoßen, bis es an seinen Hinterbeinen wieder herauskommt. Diese Tortur bringe den armen Frosch stark ins „Schwitzen", besonders auf dem Rücken, der sich mit einem weißen Schaum überzieht. Dies sei das wirkungsvollste Gift, das der Frosch zu produzieren vermag, und dahinein würden die Indianer die Spitzen ihrer Pfeile tauchen, die ihre tödliche Wirkung ein ganzes Jahr behalten würden.

Später wurden diese Beobachtungen durch verschiedene Forschungsreisende immer wieder bestätigt. Genaue Untersuchungen wurden aber erst von MYERS, DALY & MALKIN, 1978, durchgeführt. Dabei wurde eine Gruppe Emberá-Indianer, die weit im Südwesten am Rio Saija leben, besucht und die Jagdtechniken einmal genau studiert.

Die von diesem Stamm benutzten Frösche erwiesen sich als neue Art, die aufgrund ihrer Giftigkeit als *Phyllobates terribilis* (der „Furchterregende") beschrieben wurden. Diese Indianer brauchten die Frösche nicht auf Stöckchen zu spießen, vielmehr reichte es, die Pfeilspitzen einfach über den Rücken eines lebendes Exemplars zu streichen, welches danach wieder freigelassen wurde.

Tarnen und Warnen

Wie schon erwähnt, besitzen zahlreiche Pfeilgiftfrösche giftige Hautsekrete. Die meisten Arten tragen daher auch eine grellfarbige Warntracht, auch Schreckfärbung genannt. Sinn und Zweck dieser leuchtenden Färbung – sie setzt sich gewöhnlich aus Rot, Orange und Gelb zusammen – ist es, auf die giftigen und schlecht schmeckenden Hautsekrete hinzuweisen, damit viele potentielle Freßfeinde sich lernend darauf einstellen können und wirksam abgeschreckt werden. Ein Freßfeind, der feststellt, daß eine bestimmte Art im Maul ein brennendes oder ein taubes Gefühl hervorruft oder einen schlechten Geschmack aufweist, wird die Warnfarbe stets in Verbindung damit bringen und die ungenießbare Art als solche erkennen und meiden. Dieses Verhalten machen sich zahlreiche ungiftige Arten zu Nutzen, indem sie in ihrem Aussehen den giftigen Arten gleichen (Mimikry). Bekanntestes Beispiel im Zusammenhang mit den Dendrobatiden ist *Eleutherodactylus gaigeae*, eine Art, die an die in ihrem Lebensraum vorhandenen *Phyllobates aurotaenia* und *Phyllobates lugubris* erinnert. Anders als ihre Vorbilder ist die Art nachtaktiv und hält sich tagsüber im Laub auf, wo auch die Pfeilgiftfrösche Zuflucht vor Verfolgern suchen.

Trotz Schreckfärbung und Giftigkeit lassen sich zahlreiche Freßfeinde jedoch nicht abschrecken. So stellen auch Dendrobatiden teilweise die Beute großer Spinnen oder einiger weniger Schlangenarten dar. Am bekanntesten ist die Colubride (Natter) *Liophis epinephelus*, die selbst gegen eine ganze Reihe von starken Giften, sogar gegen Batrachotoxine immun ist. Gefangene Exemplare fraßen verschiedene *Atelopus*- und *Dendrobates*-Arten und selbst den hochgiftigen *Phyllobates terribilis*, ohne sichtliche Folgen zu zeigen (MYERS, DALY & MALKIN 1978).

Ein ganz erstaunliches Verhalten weist *Aromobates nocturnus* auf. Nicht nur, daß der recht schlicht gezeichnete Pfeilgiftfrosch nachtaktiv ist, die Art gibt auch noch, wenn sie sich bedroht fühlt, einen fauligen Geruch von sich, was ihr auch den Namen *Aromobates* eingebracht hat.

Der größte Teil der Arten verfügt jedoch weder über Gifte noch über eine Schreckfärbung. So können sie nur aufgrund ihrer Tarnfärbung überleben. Sie zeigen Farben und Muster, die denen ihres Lebensraumes gleichen. In der Regel sind dies blasse Beige-, Braun- bis Schwarztöne mit angedeutetem flechten- oder rindenartigen Muster. Sehr häufig ist auch eine auflösende Färbung, die die visuelle Orientierung eines Freßfeindes stört.

Dies können vor allem bei bodenbewohnenden Arten dunkle Querstreifen auf den Hinterbeinen und dunkle U-Binden auf dem Rücken sein. Sie lösen die Konturen optisch in dem Wirrwarr von Blättern und Ästen auf.

Über die bemerkenswerte Vielfalt an Farben und Mustern

Ein besonderes Phänomen ist die bemerkenswerte Vielfalt an Farben und Mustern zahlreicher *Dendrobates*-Arten. Die Frösche besitzen meist ein grelles Farbkleid bestehend aus einem einfachen Streifenmuster, einer einheitlichen Signalfärbung oder aber verschiedenartigen Flecken, Bänderungen und Sprenkeln. Teilweise zeigen sie auch recht komplizierte Farbmuster. Während bei einigen Arten die Zeichnung nur gering variiert, weisen bei anderen Arten selbst die Tiere innerhalb einer Population eine enorme Variationsbreite auf. Zu diesen Arten gehören *Dendrobates auratus* und *Dendrobates tinctorius* (vgl. auch BIRKHAHN, KÜLPMANN & WASSMANN, 1994).

Die bekannteste Art diesbezüglich ist jedoch *Dendrobates pumilio* (MYERS & DALY, 1983), der in Zentralamerika beheimatet ist. Dieser „Erdbeerfrosch" bewohnt die Regenwälder an der karibischen Seite von Nicaragua, Costa Rica und Panama, bis in eine Höhe von etwa 500 Meter. Während die Färbung in Nicaragua und Costa Rica nur geringe Unterschiede aufweist, ist sie in Panama enorm variabel. Verantwortlich dafür ist unter anderem die geologische Geschichte. Durch steigenden und fallenden Meeresspiegel wurden die einzelnen Populationen immer wieder einmal getrennt und später dann wieder vereinigt. Die heute hier lebenden Populationen zeigen von Rot über Gelb und Grün nahezu sämtliche Farben des Regenbogens. Eine Variante ist sogar ausschließlich schwarzweiß gemustert.

Wenn man die bunten Frösche so sieht, könnte man meinen, es seien alles verschiedene Arten.

Diese enorme Variation läßt sich aber nicht nur einfach auf eine unabhängige Evolution geographisch isolierter Populationen zurückführen, da selbst innerhalb einer Population auf den kleinen, vor Panama liegenden Inseln eine unglaubliche Farbenvielfalt vorherrschen kann.

Bestes Beispiel dafür ist eine Population am nordwestlichen Ende der Bastimentos-Insel. Hier zeigen die Tiere eine Rückenfärbung, die von orangerot über bronze bis metallischgrün variiert. Interessanterweise leben im strandnahen Wald 96 % orangefarbige Exemplare, und nur 4 % weisen eine andere Färbung auf. In einem strandfernen Wald leben hingegen höchstens 84 % orangefarbige Tiere. Diese, über Jahre untersuchten, beständig auftretenden Unterschiede zwischen bestimmten in verschiedenen Habitaten lebenden Populationen der gleichen Art sind ein Beispiel für balancierten Polymorphismus (eine Vielgestaltigkeit, bei der selbst ungünstige Eigenschaften erhalten bleiben, wenn sie nicht selektiv gekoppelt sind) (vgl. MYERS & DALY, 1983). Ähnliche Beobachtungen lassen sich auch auf dem Festland machen.

Aber nicht nur in der Färbung variiert *Dendrobates pumilio* erheblich. Auch in der Größe und im Verhalten gibt es erhebliche Unterschiede. So leben einige Populationen ausschließlich auf dem Boden, während andere sich wieder im Geäst der Bäume aufhalten. Auch das Verhalten gegenüber Freßfeinden kann recht unterschiedlich sein, von versteckter Lebensweise bis hin zu offensichtlicher Furchtlosigkeit. Letzteres ist dabei nicht abhängig von der Wirksamkeit des Giftes, obwohl es auch dort wieder beträchtliche Unterschiede gibt. Nimmt man all diese Eigenschaften zusammen, so ist *Dendrobates pumilio* der aussichtsreichste Anwärter für den Titel der variabelsten Wirbeltierart (MYERS & DALY, 1983).

Sie zeigen eine große Vielfalt an Farben und Mustern – oft mit großer Variationsbreite selbst innerhalb eines Bestandes: Goldbaumsteiger *Dendrobates auratus* von der Insel Tobago.

Sinnesorgane

Auch bei den Dendrobatiden stellt der Gesichtssinn das wichtigste Medium zur Umwelterkennung dar. Die bis auf eine Art alle tagaktiven Frösche finden sich vor allem mit Hilfe der Augen in ihrem Lebensraum zurecht. Dazu gehört neben der Orientierung vor allem die Suche nach Nahrung und das Erkennen des arteigenen Geschlechtspartners.

Wie alle Wirbeltiere besitzen auch die Pfeilgiftfrösche ein Linsenauge, welches ihnen ein bildhaftes Sehen ermöglicht. Wenn man seine Frösche im Terrarium beobachtet, so stellt man sehr schnell fest, daß sie nur auf bewegtes Futter reagieren. Bleibt die Fruchtfliege stehen, so erstarrt der Frosch in seiner Bewegung und verharrt vor der Fliege, bis diese sich wieder bewegt. Erst dann macht er einen Vorstoß in ihre Richtung und ergreift das Insekt mit der Zunge. Dabei erleichtert dem Frosch das binokulare Sehen das Fixieren der Beute. Warum die Pfeilgiftfrö-sche die unbewegte Beute nicht erkennen, ob sie zum Farbsehen befähigt sind usw. war bis heute nie Gegenstand von Untersuchungen.

Relativ unbedeutend dürfte der Geruchssinn sein, bestehend aus der Nase und dem Jacobsonschen Organ. Von diesen beiden chemorezeptorischen Sinnesorganen dient das Jacobsonsche Organ, welches bei den meisten Amphibien nur einen bindesack-artigen ventralen Anhang der Nasenhöhle darstellt, rein zum Erkennen von erbeuteten Futtertieren, die sich bereits im Maul befinden.

Immer wenn Menschen an Frösche denken, assoziieren sie zuerst das „Quaken" mit ihnen. Diese froschspezifische Lautäußerung stellt aber nicht nur das bekannteste, sondern auch das wichtigste innerartliche Kommunikationsmittel dar. Wie bei den meisten Amphibienarten rufen bei den Dendrobatiden nur die Männchen. Auf diese Weise versuchen sie paarungsbereite Weibchen anzulocken und fremde

Ein weiteres Beispiel für die Variationsbreite:
Zwei Erdbeerfrösche *Dendrobates pumilio* aus ein und derselben Population.

Auch dies ist ein Erdbeerfrosch: *Dendrobates pumilio* aus Panama.

Männchen aus dem Revier zu vertreiben. Da die Frösche auf sich aufmerksam machen wollen und damit der Ruf auch bis in alle Ecken des Reviers dringt, erfolgt das Trillern meist von einem erhöhten Platz aus. Recht scheue Arten bleiben aber auch in ihrem Versteck bzw. kurz davor sitzen, um zu rufen.

Am interessantesten ist das Rufverhalten bei den *Colostethus*-Arten. Die Männchen setzen sich auf eine erhöhte Position, von der sie einen guten Überblick haben und beginnen zu pfeifen. Dabei steigern sie sich so stark in das Rufen hinein, daß sie scheinbar die Welt um sich vergessen. Teilweise lassen sie sich dabei nicht einmal von einem sie berührenden Finger stören.

Daneben gibt es nur noch den Angstruf, den ein Frosch ausstößt, wenn er ergriffen wird. In ihrer Heimat, den Regenwäldern Mittel- und Südamerikas, tragen die tagaktiven Pfeilgiftfroscharten zu einem beträchtlichen Teil zu der natürlichen Geräuschkulisse bei.

Der Ruf ist sehr unterschiedlich in der Lautstärke. So kann man leise Arten, wie z. B. *Dendrobates tinctorius* bereits einige Meter vor dem geschlossenen Terrarium kaum noch vernehmen, während der Ruf anderer Arten, wie z. B. *Epipedobates tricolor*, bei geschlossenem Terrarium und geschlossenem Thermopanefenster noch auf der Straße zu vernehmen ist.

Aber nicht nur in der Lautstärke variiert der Ruf. Bei einigen Arten klingt er wie insektenähnliches Zirpen, wie helle Pfeiftöne, wie Gepiepe oder Getriller (ähnlich einigen Vogelarten). Diese unterschiedlichen Rufe sind in hohem Maße artspezifisch und sollen auf diese Weise sicherstellen, daß die Wahl auf den richtigen Partner fällt.

Für den Ruf preßt der Frosch Luft aus der Lunge durch den Larynx und bringt auf diese Weise seine Stimmbänder zum Schwingen. Dabei hält er Maul und Nase geschlossen, damit die Luft zwischen der Mundhöhle und der Lunge hin und her geleitet werden kann. Die Töne werden dann noch durch die Schallblase (eine Hauttasche unter dem Maulboden mit Öffnung zur Mundhöhle) verstärkt.

Entsprechend der Bedeutung des Rufes besitzen die Frösche ein gut entwickeltes Gehör. Dabei handelt es sich um ein statisch-akustisches Sinnesorgan, welches den Gleichgewichtssinn und den Gehörgang vereint. Die ankommenden Schallwellen werden mittels ein oder zwei Gehörknöchelchen zu dem gut ausgebildeten Trommelfell im Mittelohr geleitet. Vermutungen sprechen dafür, daß die Frösche weit weniger von den Nebengeräuschen wahrnehmen als allgemein angenommen, da sich ihr Hörbereich auf die Frequenz des arteigenen Rufes einstellt und Nebengeräusche zudeckt.

Verhalten und Aktivität

In diesem Kapitel soll das Verhalten der Pfeilgiftfrösche kurz dargestellt werden. Ausgenommen jedoch bleibt das erst später behandelte reine Fortpflanzungsverhalten. Leider ist bisher lediglich dieses, insbesondere das so bekannte hochkomplexe Brutpflegeverhalten recht gut erforscht worden. Arbeiten über das sonstige Verhalten, so z. B. auch längere Freilandbeobachtungen fehlen hingegen. Fast alle vorhandenen Verhaltensstudien und Einzelbeobachtungen wurden im Terrarium gemacht. Die einzig umfangreichere Arbeit stammt von ZIMMERMANN & ZIMMERMANN, 1981, und befaßt sich ausschließlich mit dem Revierverhalten und dem Ausprägen einer Rangordnung im Terrarium. Wir wollen uns im folgenden auch hauptsächlich auf diese stützen.

Die einzelnen Arten besitzen unterschiedlich große Reviere in der Natur. SILVERSTONE, 1973, gibt z. B. für *Dendrobates histrionicus* an, daß die Tiere ein Gebiet mit einem Durchmesser von 180 Metern bewohnen. Wesentlich kleiner sind da schon die Reviere von *Dendrobates pumilio*, deren Populationen folglich eine erstaunliche Stärke aufweisen. Zahlreiche Arten (z. B. *Colostethus palmatus*) bilden aber auch keine Reviere, sondern leben einfach verstreut in ihrem Habitat.

ZIMMERMANN & ZIMMERMANN untersuchten das Revierverhalten anhand von *Dendrobates-histrionicus*-Nachzuchten, die getrennt von ihren Eltern aufgezogen wurden. Bereits in einem Alter von 4 Monaten begannen die jungen Männchen zum ersten Mal sich in der typischen Weise hoch aufzurichten und auf die ausgestreckten Vorderbeine gestützt zu rufen. Ihr Ruf ist anfangs noch mit Knarrlauten vermischt und entwickelt sich erst im Laufe von 2 bis 3 Wochen zu dem arttypischen Revierlaut. Während des Rufens stehen die Männchen meist auf einer Erhöhung, um ihr Umfeld besser übersehen zu können. Gelangt nun ein Artgenosse in den Blickbereich eines rufenden Männchens, so dreht dieses sich dem Eindringling zu, um ihn direkt anzuquaken und auf ihn zuzuhüpfen. Zeigt der andere Frosch keine Reaktion, so wird er angesprungen und umklammert. Handelt es sich bei ihm nun um ein Männchen, so gibt er sofort den typischen Protestlaut von sich und versucht den Gegner abzuschütteln. Auf diese Weise wird mit der Zeit der aggressive Jungfrosch von den anderen respektiert, die, wenn möglich, immer einen großen Bogen um ihn machen. Nach einer gewissen Zeit bildet sich so eine klare Ranghierarchie heraus.

Als besonders heftige und streitbare Revierverteidiger gelten die Erdbeerfrösche. Dringt ein Eindringling in ein bestehendes Revier ein, so wird er, scheinbar ohne erkennbare Regeln, von dem Revierinhaber angegriffen. Der Kampf läßt sich am besten als Ringkampf, bei dem alles erlaubt ist, beschreiben. So springen sich die Gegner gegenseitig an, rollen übereinander, umklammern sich, teilen Fußtritte und Ellenbogenstöße aus oder rammen einander die Köpfe in den Leib. Der Kampf endet meist damit, daß einer der Kontrahenten umgeworfen wird, der Überlegene ihm auf den Rücken springt und ihn dann in dessen Achseln oder Beckenregion mit beiden Armen umklammert. Der Unterlegene gibt dann meist einen Protestlaut von sich und zieht sich schleunigst in sein Revier zurück.

Von einigen Pfeilgiftfroscharten ist auch bekannt, daß auch oder nur die Weibchen sich aggressiv verhalten und ein Revier beanspruchen und verteidigen. Wer an den genauen Einzelheiten des Revierverhaltens interessiert ist, dem sei die Arbeit von ZIMMERMANN & ZIMMERMANN, 1981, empfohlen.

Diese kurze Beschreibung ließe sich fortsetzen und in ihren Einzelheiten vertiefen. Wir wollen aber nur noch kurz die Folgen des ausgeprägten Revierverhaltens für die Terrarienhaltung beschreiben. Will man eine Gruppe einer aggressiven Dendrobatidenart pflegen, so sollte dies in „riesigen" Terrarien erfolgen. Besser jedoch ist immer eine paarweise Haltung. In einem zu kleinen Terrarium wird das unterlegene Tier laufend von dem dominanten unterdrückt, so daß es nach einigen Tagen nicht mehr zu fressen wagt, abmagert und, wenn es nicht rechtzeitig aus dem Behälter entnommen wird, schließlich verhungert.

Auch eine andere Erfahrung, die ZIMMERMANN, 1978, erstmals beschreibt, haben zahlreiche Terrarianer schon gemacht. Bei ihm lagen innerhalb weniger Tage 3 *Phyllobates lugubris* tot im Wasserteil, ohne daß eine Erkrankung vorlag. In diesem Terrarium lebte nur ein schon immer dominant gewesenes *Dendrobates-pumilio*-Männchen mit 10 fast ausgewachsenen *Phyllobates lugubris* zusammen. Eines Tages beobachtete er das *Dendrobates-pumilio*-Männchen, wie es ohne Grund einen *lugubris* angriff. Dieses wurde geschubst, gestoßen, gedrückt und getreten, obwohl es sich ganz klein gemacht hatte und flach auf dem Boden lag. Dann stieß der *pumilio*-Mann ihn in das Wasserteil und sprang sofort auf seinen Rücken. Nur ein sofortiges Eingreifen verhinderte sein Ertrinken. Dies zeigt deutlich, daß man auch bei der Vergesellschaftung verschiedener Pfeilgiftfroscharten größte Sorgfalt walten lassen muß. Besonders in der ersten Zeit sollten die Tiere laufend kontrolliert werden.

Wie alle Amphibien gehören auch die Dendrobatiden zu den wechselwarmen Tieren. Sie sind somit von den Klimabedingungen abhängig, die sie umgeben. Aufgrund ihrer Verbreitung – Tropen – leben sie ausschließlich in Biotopen, die nahezu ganzjährig Temperaturen aufweisen, die eine Aktivität erlauben. Anders sieht es da schon mit der Feuchtigkeit aus. Viele Arten weisen eine erhöhte Aktivität

Wenn die Dendrobatiden kämpfen, tun sie dies ohne Regeln. Es wird gedrückt, gestoßen und geschoben.

während der Regenzeit oder kurz nach Niederschlägen auf.

Alle Pfeilgiftfroscharten, bis auf *Aromobates nocturnus,* sind rein tagaktiv. Während zahlreiche Arten fast den ganzen Tag durch das Terrarium streifen und nach Futter suchen, liegt bei einigen die Hauptaktivitätszeit in den frühen Morgen- und den späten Nachmittagsstunden.

Alter

Wer Pfeilgiftfrösche pflegen will, sollte vor der Anschaffung bedenken, daß einige Arten eine enorme Lebenserwartung aufweisen. Für eine entsprechend lange Zeit übernimmt man nun auch die Verantwortung für das Tier. Das genaue Lebenshöchstalter einzelner Arten ist bisher nicht bekannt. Freilandbeobachtungen fehlen verständlicherweise völlig. Aber auch Terrarienbeobachtungen finden sich nicht in der Literatur. Es liegt jedoch auf der Hand, daß Arten mit einem so hoch entwickelten Brutpflegeverhalten, deren Fortpflanzungsstrategie nicht auf Quantität setzt, ein hohes Lebensalter erreichen. Wie sollte *Dendrobates pumilio* sonst noch existieren, da die Weibchen immer nur einige Kaulquappen gleichzeitig versorgen können. Andere Arten, z. B. *Dendrobates reticulatus,* erreichen nicht so ein hohes Lebensalter, wie Terrarienbeobachtungen zeigen. Ein Alter von ca. 10 Jahren dürften jedoch viele *Dendrobates*-Arten erreichen. Bei einigen Arten aus der *Dendrobates-tinctorius*-Gruppe scheinen aber auch bis zu 25 Jahre und mehr möglich zu sein.

II. Fortpflanzung und Zucht

Grundlagen

Schon immer war es das natürliche Bestreben der Terraristik, die Tiere nicht nur zu pflegen, sondern vielmehr sie auch erfolgreich zu vermehren. Bei kaum einer anderen Anurenfamilie geschieht dies heute so planmäßig wie bei zahlreichen Arten aus der Familie Dendrobatidae.

Im folgenden Abschnitt wollen wir einmal das gesamte Fortpflanzungsverhalten möglichst ausführlich zusammenfassen und detailliert darstellen.

Die besondere Bedeutung dieses Themas liegt vor allem in der immer schneller vonstatten gehenden Umweltzerstörung in Mittel- und Südamerika und dem damit verbundenen Biotopverlust für die Dendrobatiden. Bereits heute ist absehbar, daß in naher Zukunft für zahlreiche Arten kein Lebensraum mehr in freier Natur vorhanden sein wird. Und so werden wohl die meisten Arten aussterben, da sie nicht in der Lage sind, sich an die neu entstandene Kultursteppe anzupassen.

Für die Terraristik ergibt sich somit die Aufgabe, den vorhandenen Tierbestand artgerecht zu pflegen, wobei am Ende der artgerechten Haltung immer die erfolgreiche Nachzucht steht. Glücklicherweise bereiten die meisten im Terrarium gepflegten Arten keine zu großen Probleme bei der Zucht. Und so sind die Terrarianer bereits heute schon in der Lage, bei zahlreichen Arten den Bedarf gänzlich durch Nachzuchten zu decken.

Das häufig gegen die „Arterhaltungsnachzuchten" – dieser Begriff ist hier nicht zutreffend, denn schließlich züchten die Liebhaber nur für sich selbst – ins Spiel gebrachte Argument der Genarmut, kann durch die große Anzahl vorhandener Tiere

Rufendes Männchen von *Dendrobates lehmanni.*

(zumindest für einige Arten) getrost vernachlässigt werden, da es problemlos möglich ist, sich Nachzuchten von unterschiedlichen Elterntieren zu besorgen. Auch sind bis heute bei der Weiterzucht mit Geschwistertieren über mehrere Generationen keine phänotypisch (am Tier erkennbaren) negativen Erscheinungen aufgetreten. Damit dies auch in Zukunft so bleibt, müssen allerdings alle Liebhaber eine gewisse „Auslese" betreiben, die in Terrarien natürlicherweise unterbleibt. So sollten zu kleine oder kranke Tiere nicht weiter zur Zucht verwendet werden.

Pflegt man nun ein eindeutiges, gut erscheinendes Pärchen gemeinsam in einem artgerechten Terrarium, so müßte man meinen, mit der Zucht ginge es wie von selbst. Dem ist aber leider nicht immer so, vielmehr muß man sich auch hier in Geduld üben, denn zahlreiche Voraussetzungen müssen gegeben sein. So darf das Paar nicht zu alt, aber auch nicht zu jung sein. Einige Arten, wie z. B. *Dendrobates tinctorius,* erreichen die Geschlechtsreife teilweise erst in einem Alter von 2 Jahren. Gerade bei jungen Pärchen klappt es nicht immer von Anfang an. So kann es sein, daß die ersten Gelege alle unbefruchtet sind und verpilzen. Auch da hilft häufig nur warten.

Immer ist eine längere Eingewöhnungsphase notwendig, während der die Frösche ihr neues Terrarium kennenlernen und sich ggf. an den neuen Partner gewöhnen. Die ideale Kombination zur Zucht ist die paarweise Haltung (für *Dendrobates granulifer* sogar unumgänglich, MEYER, 1992). Mehrere Tiere einer Art können sich gegenseitig stören oder sogar die Eier wegfressen. Besser ist vielleicht eine Vergesellschaftung mit anderen Terrarientieren, wie z. B. nachtaktiven Geckos oder kleinen Stummelschwanzchamäleons. Auch eine Vergesellschaftung mit kleinen regenwaldbewohnenden *Anolis*-Arten ist möglich. Entgegen anderslautenden Zitaten in der Literatur haben wir nie Probleme dabei gehabt. Klappt es trotz Eingewöhnung, optimaler Ernährung und Pflege über einen sehr langen Zeitraum nicht mit der Nachzucht, so sollte man versuchen, die Haltungsbedingungen zu optimieren oder aber die Frösche zu stimulieren. Letzteres kann durch eine leichte Temperaturerhöhung, durch eine geringere Nachtabsenkung, längeres und intensiveres Überbrausen des gesamten Terrariums usw. erfolgen. Hier muß man Geduld haben und einiges ausprobieren. Wie schon gesagt, stellt sich aber häufig der Erfolg nach einer gewissen Zeit von ganz alleine ein.

Geschlechtsunterschiede

Zu den unabdingbaren Voraussetzungen für eine Zucht gehört es, daß man die Geschlechter unterscheiden kann. Dies ist leider bei den Pfeilgiftfröschen nicht so einfach, da man die primären Geschlechtsorgane äußerlich nicht erkennen kann. Bei zahlreichen Arten sind auch bei ausgewachsenen Tieren keine sekundären Geschlechtsmerkmale zu erkennen.

Gänzlich unmöglich ist die Unterscheidung bei Jungtieren. Es kann daher jedem nur empfohlen werden, sich mehrere Nachzuchten einer Art anzuschaffen, aufzuziehen und dann später sich ein Pärchen oder eine kleine Gruppe für sein Terrarium herauszusuchen.

Bei den meisten Anurenarten sind die Männchen deutlich kleiner als die Weibchen. Dies gilt für zahlreiche Dendrobatidenarten leider nicht. Hat man mehrere Tiere zur Auswahl, so muß man raten, wobei die etwas dickeren Tiere häufig die Weibchen sind. Bei den Arten aus der *Dendrobates-tinctorius*-Gruppe weisen die Männchen deutlich breitere und anders aufgebaute Haftscheiben an den Fingern auf als die Weibchen. Auch bei den Männchen einiger *Colostethus*-Arten ist der abgewendete Teil des dritten Fingers merklich verbreitert. Dieses Unterscheidungsmerkmal wird beim direkten Vergleich besonders deutlich.

Bei einigen wenigen Arten, wie z. B. *Mannophryne trinitatis* oder *M. herminae,* weisen die verschiedenen Geschlechter unterschiedliche Kehlfärbungen auf. Bei anderen Arten kann man den Kehlsack der Männchen deutlich erkennen. Damit erschöpfen sich aber schon die erkennbaren sekundären Geschlechtsmerkmale der Pfeilgiftfrösche.

Eine andere Möglichkeit, das Geschlecht zu erkennen, liegt darin, über einen längeren Zeitraum die Tiere zu beobachten. Will man jedoch recht schnell aus einer größeren Gruppe die Männchen heraussuchen, so reicht es häufig aus, die Tiere durch Überbrausen zum Rufen zu stimulieren und dann die rufenden Männchen herauszusuchen. Leider sind unter den Nichtrufern häufig ebenfalls noch Männchen vorhanden.

Werbung und Eiablage

Wie die meisten tropischen Froscharten sind auch die Pfeilgiftfrösche ganzjährig fortpflanzungsfähig. Dies bedeutet nun aber nicht, daß sie pausenlos in regelmäßigen Abständen ihre Gelege absetzen. Vielmehr legen auch sie teilweise sogar recht lange Legepausen ein, bzw. weisen eine gewisse meist temperatur- oder niederschlagsabhängige Fortpflanzungsperiodizität auf. Genauere Untersuchungen über die Eiablagezeiten in der Natur fehlen. Auch die Angaben in der Literatur sind nicht immer übertragbar, da fast jeder Terrarianer zu anderen Werten aufgrund unterschiedlicher Haltungsbedingungen kommt.

Das Balzverhalten wird durch das Männchen begonnen und ist stark artabhängig.

Meist setzen sich die Männchen an eine erhöhte Stelle und beginnen durch lautes Rufen die Weibchen anzulocken. Erscheint dann endlich ein Weibchen in ihrem Sichtfeld, so beginnt das Männchen durch Körperheben zu imponieren. Dabei dreht es sich in Richtung des Weibchens und ruft noch intensiver weiter. Nicht ablaichbereite Weibchen zeigen keinerlei Reaktion auf dieses Verhalten. Ist das Weibchen jedoch ablaichbereit, so nähert es sich dem Männchen, woraufhin dieses ebenfalls dem Weibchen entgegenhüpft. Je nach Art erfolgt nun teilweise ein höchst kompliziertes, gänzlich unterschiedliches Werbeverhalten. So kann das Männchen das Weibchen unter lautem Rufen umrunden oder aber einfach neben ihm sitzenbleiben. Eine sehr bekannte Verhaltensweise ist das Streicheln über den Rücken der Männchen durch das Weibchen, wie z. B. bei *Dendrobates tinctorius*. Bei anderen Arten gehen die Geschlechter nicht so „zärtlich" miteinander um, so kann bei ihnen das Weibchen auf den Rücken des Partners springen usw. Nach einer Werbeperiode lockt das Männchen das Weibchen zum Eiablageplatz. Dabei hüpft es rufend vor diesem her. WEYGOLDT, 1984, beschreibt das Brutverhalten von *Dendrobates pumilio* wie folgt: Die Männchen rufen in Richtung eines in der Nähe stehenden Weibchens. Nähert sich dieses, so wird das Männchen still, dreht sich mit einer hochbeinig-ruckartigen Bewegung um und

Eines der beiden Grundmuster der Eiablage: „Kopfamplexus" – das Männchen auf dem Rücken des Weibchens (hier: *Epipedobates tricolor*) besamt dabei die austretenden Eier.

Gelege von *Colostethus sauli.*

geht ähnlich ruckartig „tänzelnd" ein paar Schritte vor. Dann wendet es sich dem Weibchen zu und ruft erneut. Dies wiederholt sich, bis das Weibchen dem Männchen in einem Abstand von 5 bis 10 cm zum Laichplatz folgt. Daß bei den Pfeilgiftfröschen immer die Männchen den Eiablageplatz aussuchen, ist besonders erstaunlich, da sonst bei den Froschlurchen fast nur die Weibchen den geeigneten Platz bestimmen.

Ist das Paar an dem Ablaichplatz angekommen, so gibt es zwei gänzlich unterschiedliche Eiablageverhaltensweisen. Bei den Gattungen *Epipedobates* und *Colostethus* führen die Männchen einen sogenannten Kopf-Amplexus aus. Das bedeutet, daß sie auf den Rücken des Weibchens klettern und dabei die Handrücken gegen deren Kehle drücken. Durch dieses ausgelöst legt nun das Weibchen seine Eier, die sofort von dem Männchen besamt werden. Da die Männchen genauso groß sind wie die Weibchen, ist eine optimale Befruchtung möglich. Anschließend springt das Männchen vom Weibchen herunter und entfernt sich, um kurze Zeit später wiederzukommen und das Gelege zu bewässern.

Bei den anderen Arten folgt das Weibchen auch dem Männchen zum Ablaichplatz. Dort angekommen, vollführt das Männchen noch weitere Werbeverhaltensweisen

aus: So setzt es sich direkt neben das Weibchen und hebt abwechselnd Vorder- und Hinterbeine an. Dann schiebt es sich langsam rückwärts auf das Weibchen – woraufhin dieses sich nun ebenfalls langsam dreht und abwechselnd Vorder- und Hinterbeine anhebt. Meist steigt das Männchen dann vom Weibchen herunter und verläßt den Eiablageplatz. Daraufhin legt das Weibchen die Eier und verläßt ebenfalls den Eiablageplatz. Auch bei diesen Arten kommt das Männchen kurze Zeit später zurück, um das Gelege zu bewässern und erst jetzt zu befruchten. Einige Autoren vermuten, zumindest für einige Arten, daß die Befruchtung im Laufe dieses komplizierten Eiablageverhaltens erfolgt und die Männchen erst dann zum Wasserholen verschwinden.

Der Ort der Eiablage ist von Art zu Art verschieden. So bevorzugen einige Frösche die Laubschicht auf dem Boden der Urwälder, andere Spalten unter Felsen u. ä., wieder andere glatte beschattete Blätter oder die mit Wasser gefüllten

Rechte Seite:
Am Gelege – hier ein Exemplar von *Phobobates (Epipedobates) silverstonei.*

Ein Männchen von *Minyobates bombetes* transportiert eine Kaulquappe zu einem temporären (nicht dauerhaften) Gewässer.

Blatttrichter zisternenartiger Regenwald-pflanzen wie Bromelien. Auch legen einige Arten größten Wert auf eine waagerechte glatte Fläche zur Eiablage.

Die Anzahl der Eier pro Gelege schwankt von Art zu Art, aber auch bei den Weibchen einer Art und von Gelege zu Gelege erheblich. Die geringste Eizahl legen die kleinsten Arten, wie *Dendrobates imitator*, eine Art, die 1 bis 2 Eier immer an eine senkrechte glatte Stelle klebt. Die größten Gelege produzieren die *Phobobates*- und die großen *Phyllobates*-Arten, dabei werden Eizahlen von 50 Stück pro Gelege in Ausnahmefällen erreicht. Verglichen mit anderen Anuren handelt es sich bei Dendrobatiden jedoch insgesamt um recht geringe Eizahlen. Dies gleichen die Pfeilgiftfrösche auch dadurch nicht aus, daß sich zumindest bei einigen Arten die Fortpflanzungsaktivität kontinuierlich über das ganze Jahr erstreckt. Ein im American Museum of Natural History gepflegtes *Epipedobates-tricolor*-Weibchen legte jeden Monat 2 bis 4 Gelege mit 12 bis 30 Eiern. Es ergab sich ein Jahresdurchschnitt von 600 Eiern.

Das Brutpflegeverhalten

Der Haupttrend in der Evolution der Amphibien ist der Weg vom Wasser hin zum Landleben. Dadurch ist es den Fröschen möglich geworden, immer neue Lebensräume zu erobern. Allerdings schafft dieser Trend ein grundlegendes Problem. So müssen die Eier stets feuchtgehalten werden, weil ihre halbdurchlässige äußere Membran sie kaum vor dem Austrocknen schützt. Dieses Problem haben die Dendrobatiden in unterschiedlich weit entwickelter Form gelöst. Unterstützt wurden sie allerdings dabei durch das Klima ihrer Verbreitungsgebiete. So herrschen grundsätzlich eine hohe relative Luftfeuchtigkeit und konstant warme Temperaturen, die ein schnelles Wachstum begünstigen, vor. Der entscheidende Schritt weg vom Wasser als Eiablageplatz wurde endgültig aber erst durch das Brutpflegeverhalten ermöglicht.

Nach der erfolgten Eiablage werden die Gelege in der Regel sich selbst überlassen.

Nur bei einigen wenigen Arten kann man vom regelrechten Bewachen der Eier sprechen. So kann es im Terrarium passieren, daß, wenn man ein erst ein bis drei Tage altes *Phobobates-bassleri*-Gelege aus dem Terrarium entnehmen will, das Männchen die Hand anspringt und versucht zu klammern. Erst nach mehreren Tagen scheint das Verteidigungsverhalten langsam abzunehmen. Bei den meisten Arten jedoch kommen nur ein oder beide Elternteile zu gelegentlichen Stippvisiten vorbei. Dabei werden die Gelege wenn nötig mit Wasser aus der Kloake befeuchtet. Das Wasser hierfür holen die Frösche in der Regel vorher aus einer nahen Wasseransammlung.

Während des Bewässerns schiebt das besuchende Elternteil von Zeit zu Zeit sein Hinterteil mit windenden Bewegungen in die Eiansammlung. Diese Handlung kann man um so häufiger beobachten, je älter das Gelege ist. Durch dieses Verhalten soll der eigentliche Schlüpfvorgang, wenn die Kaulquappen sich fertig entwickelt haben, unterstützt werden, damit sie anschließend sich auf den Rücken der Eltern schlängeln können. Während bei einigen Arten das betreuende Elternteil immer eine Larve nach der anderen wegträgt, nehmen andere das gesamte Gelege auf ihren Rücken, so daß man kaum noch den ausgewachsenen Frosch erkennen kann.

Es ist immer wieder eine erstaunliche Beobachtung, wie fest die Kaulquappen auf dem Rücken der Eltern haften. So klettern und hüpfen die Tiere mit ihrer „Last" im Terrarium umher und jagen selbst noch nach Futter während dieser Zeit. Für den erforderlichen Halt sorgt vor allem ein Schleimbett, welches von besonderen Drüsen in der Haut produziert wird. Der abgeflachte, teilweise sogar leicht konkav geformte Bauch der Larven, der für diese Froschfamilie charakteristisch ist, erleichtert zusätzlich die Haftung. Je nach Art, aber teilweise auch individuell unterschiedlich lange, trägt nun der Frosch die Kaulquappe mit sich herum. Die Zeitspanne kann von einigen Stunden bis zu mehreren Tagen betragen. Erst wenn der Frosch sorgfältig eine geeignete Wasseran-

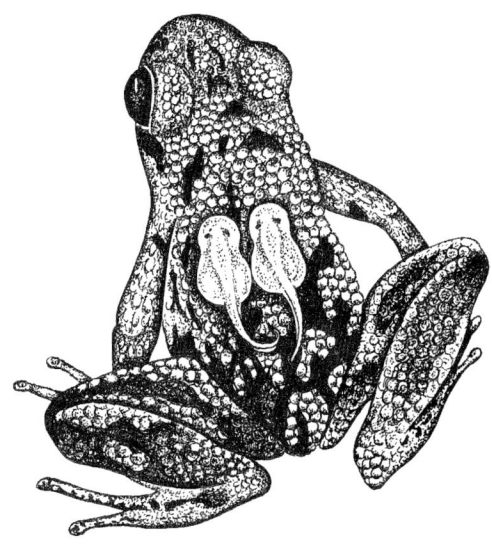

Larventragendes Männchen.

sammlung ausgesucht hat, geht er ins Wasser, wo sich der Schleim auflöst und die Kaulquappen freigegeben werden. Interessanterweise wachsen die Kaulquappen noch bis zu einem gewissen Grade, wenn sie auf dem Rücken der Eltern herumgetragen werden. Sie nehmen aber nicht, wie man vermuten könnte, Substanzen von der Haut ihrer Eltern auf, sondern ernähren sich von ihrem kleinen noch verbliebenen Dottervorrat.

Der geeignete Ort zum Absetzen der Kaulquappen ist wieder von Art zu Art verschieden. So bringen z. B. viele *Colostethus*-Arten die Kaulquappen zu kleinen Fließgewässern. Andere Arten nutzen Ansammlungen von Regenwasser, wie natürliche Pfützen oder Wagenspuren usw. Wie schon erwähnt, setzt *Dendrobates auratus* seine Kaulquappen gerne in mit Wasser gefüllte Höhlungen alter Baumstämme ab. In der Regel handelt es sich dabei aber immer um sehr nährstoffarme Lebensräume. Daher neigen die Kaulquappen der Gattungen *Dendrobates* und *Minyobates* zum Kannibalismus, so daß manchmal nur eine einzige übrigbleibt und sich zu einem fertigen Frosch entwickelt.

Einige Arten bringen ihre Sprößlinge sogar in die mit Regenwasser gefüllten Blattachseln von kleinen Bromelien. Dieses Lebensmilieu zeichnet sich durch eine besonders starke Nährstoffarmut aus. Wie können die Kaulquappen dort überleben? WEYGOLDT (1980) fand als erster die Erklärung durch Terrarienbeobachtungen anhand von *Dendrobates pumilio* heraus. Bei dieser Art werden die Eier zwar nicht von den Männchen bewacht, wohl aber regelmäßig besucht und befeuchtet. Später übernimmt dann das Weibchen die Betreuung der Nachzuchten. Am Ende ihrer Entwicklung werden die Kaulquappen von ihr, meist einzeln, in verschiedene Blattachseln transportiert. Aufgrund ihres ausgeprägten Orientierungsvermögens findet es später diese Wasseransammlungen wieder. Etwa ein- bis zweimal in der Woche kehrt sie dorthin zurück und klettert rückwärts etwa halb hinein. Angeregt durch einige Bewegungen der Kaulquappen („Futterbetteln") setzt sie nun etwa 2 bis 4 unbefruchtete Eier ab, die den Larven als Nahrung dienen. In regelmäßigen Abständen kommt sie nun immer wieder zurück, um die Kaulquappen mit Futtereiern zu versorgen. Auf diese Weise kann ein Weibchen bis zu drei, teilweise noch mehr kleine Frösche gleichzeitig heranziehen.

Den Übergang von den „normalen" Pfeilgiftfröschen zu den reinen Eifressern (alle Arten, deren Kaulquappen sich nur von Futtereiern ernähren) bildet die *Dendrobates-ventrimaculatus*-Gruppe. Auch bei diesen Arten legt das Weibchen regelmäßig Futtereier in den Blattachseln ab, die Kaulquappen sind jedoch in der Lage, auch andere Nahrung zu sich zu nehmen. Im Gegensatz zu *Dendrobates pumilio* jedoch übernimmt hier in der Regel das Männchen die Versorgung der Gelege. So bewacht und wässert es das Gelege und bringt später die Kaulquappen einzeln in geeignete Wasseransammlungen. Meist gegen Abend ruft es nun wieder das Weibchen und animiert es, in die Blatttrichter mit der Kaulquappe zu steigen.

Dort wird das Weibchen entweder durch das Männchen oder aber auch durch Bewegungen der Kaulquappe zur Eiablage veranlaßt. Interessanterweise scheinen die Futtereier manchmal befruchtet zu sein (SEUME, mündl. Mitt.).

Ein Frosch der Art *Dendrobates imitator* mit einer Kaulquappe auf dem Rücken.

Ursprünglich hat man einmal angenommen, daß es artspezifisch festgelegt sei, ob das Männchen oder das Weibchen die Betreuerrolle übernimmt. Bei einigen Arten jedoch kann man beide Geschlechter als Träger antreffen.

Wie kann ein derart ungewöhnliches Verhaltensmerkmal derart variabel sein? Normalerweise betreut lediglich das Männchen die Gelege. Untersuchungen an *Epipedobates tricolor* brachten die Erklärung. Aufgrund seiner stark ausgeprägten territorialen Aggressivität duldet es nur etwa eine Stunde lang das Weibchen bei dem Gelege, danach räumt es ihr nicht einmal mehr Besuchsrechte ein. Entfernt man jedoch nach der Befruchtung des Geleges das Männchen, so versorgt das Weibchen die Eier und bringt schließlich auch die Kaulquappen in ein geeignetes Kleinstgewässer. Entfernte man jedoch erst einige Tage später das Männchen, so fraß das Weibchen ohne zu zögern seine eigenen Eier und Kaulquappen (MYERS & DALY, 1983).

Vom Ei zum Frosch

Bereits Stunden nach der Befruchtung kann man die Entwicklung des Eies beobachten. Zuerst sieht man, wie sich der Kern in der Mitte einschnürt und sich zwei halbkugelförmige Zellen bilden. Stunden später teilen sich die Zellen immer weiter, bis nach einigen Tagen der Embryo langsam Gestalt anzunehmen beginnt. Es dauert aber noch einige Zeit, während der die Kaulquappen in der Regel ihren gesamten Dottervorrat aufzehren, bis sie nach einigen Tagen von einem Elternteil in eine geeignete Wasseransammlung getragen werden. Dort geht die weitere Entwicklung vonstatten.

Die kleinen Quappen atmen in der ersten Zeit durch äußere Kiemenbüschel, die seitlich von ihrem Kopf abstehen, und später, in der Regel bereits bevor sie die Gallerthülle verlassen, ähnlich wie bei den Fischen in innere Kiemen umgewandelt werden. Nach etwa 4 bis 8 Wochen, je nach Art und Wassertemperatur verschieden, sind die Kaulquappen sehr stark gewachsen, und beiderseits des Schwanzansatzes entwickeln sich die Hinterbeine. Wieder ca. 14 Tage später brechen die Vorderbeine aus Hauttaschen hervor, und nach einiger Zeit verlassen die Frösche das Wasser.

Während der Metamorphose – Umwandlung von der Kaulquappe zum Frosch – laufen viele Veränderungen für unser Auge unsichtbar in den Tieren ab, die für das Landleben Voraussetzung sind. So wird das ganze Verdauungssystem auf die zukünftige Nahrung umgestellt, die Haut verstärkt sich, die Kiemen verschwinden und die Lungen werden funktionstüchtig, man sieht das daran, daß die fast fertigen Tiere an die Oberfläche schwimmen und nach Luft schnappen.

Am Ende der Umwandlung nehmen die Larven keine Nahrung mehr auf, sondern leben von den Nährstoffen, die sie aus der Rückbildung des Schwanzes erhalten. Auch wenn sie bereits an Land sind, haben sie meist noch einen Stummelschwanz, der nach einigen Tagen verschwindet.

Etwa halbfertig entwickelte Larven (Terrarien-Nachzucht).

Fertig entwickelte Larven von *Dendrobates ventrimaculatus*.

Der Übergang zum Landleben kann stattfinden: Exemplar von *Dendrobates tinctorius* unmittelbar nach der Metamorphose.

Über die Nachzucht im Terrarium

Pflegt man ein Pärchen oder eine kleine Gruppe ausgewachsener Pfeilgiftfrösche in einem Terrarium, so kommt es nach einer gewissen Zeit meist zur Eiablage. Auslöser für das Eiablageverhalten können Temperaturveränderungen, eine höhere relative Luftfeuchtigkeit, die Imitation einer Regenzeit, aber auch witterungsbedingte Hoch- und Tiefdruckänderungen sein. Eine ganz besondere Art der Stimulation benötigen zahlreiche Raketenfroscharten. In der Natur leben sie nur am Ufer von Fließgewässern im Regenwald, und auch im Terrarium pflanzen sie sich nur fort, wenn dieses einen nachgebildeten Bachlauf oder zumindest größeren Wasserfall enthält. Dabei ist nicht klar, ob die Wasserbewegung oder das Geräusch der eigentliche Auslöser ist. Es gilt auch hier, ggf. etwas zu experimentieren.

Wie schon erwähnt, stellt die paarweise Pflege den Idealbesatz für das Zuchtterrarium dar. Meistens jedoch werden Dendrobatiden in einem großen Regenwaldbe-

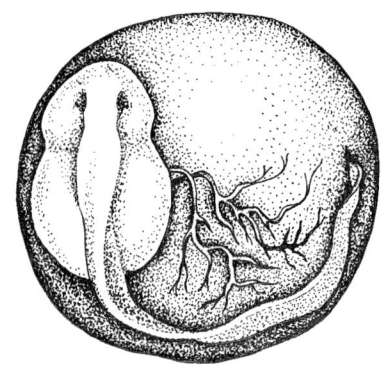

Fast fertige Larve in der Gallerthülle.

hälter im Wohnzimmer gepflegt, welches neben einer ansprechenden Bepflanzung auch verschiedene Arten beheimatet. Bei einer Vergesellschaftung verschiedener Arten muß man aber einige Dinge beachten. Dazu gehört, daß sich eine ganze Reihe von Arten miteinander kreuzen lassen. Bekanntestes Beispiel ist die *Dendrobates-tinctorius*-Gruppe: *Dendrobates auratus, D. azureus, D. leucomelas, D. tinctorius* und *D. truncatus*. Sie lassen sich beliebig miteinander kreuzen. Ebenso sind Bastarde von *Dendrobates lehmanni* mit *D. histrionicus*, von *Epipedobates tricolor* mit *E. anthonyi* und *Epipedobates pulchripectus* mit *E. pictus* und/oder *E. parvulus* bekannt (vgl. ZIMMERMANN & ZIMMERMANN, 1988). Von all diesen Bastarden sind nur die Kreuzungen von *Dendrobates lehmanni* mit *D. histrionicus* und *Epipedobates anthonyi* mit *E. tricolor* fruchtbar. Daher sollte der ideale Besatz eines Gemeinschaftsterrariums immer möglichst nur aus einer Art aus der *Dendrobatestinctorius*-Gruppe, einer Art aus der *Dendrobates-ventrimaculatus*- oder *D.-pumilio*-Gruppe und einer Art aus den Gattungen *Epipedobates, Colostethus* oder *Mannophryne* bestehen. Nicht vergessen darf

man, daß die Tiere sich immer gegenseitig stören und auch die Gelege wegfressen können.

Entdeckt man nun in seinem Terrarium ein Gelege, so beläßt man dieses noch eine gewisse Zeit, mindestens etwa 3 Tage, im Terrarium. Denn das betreuende Elterntier wässert die Eier mit Wasser aus seiner Kloake. Dabei werden vermutlich auch gleichzeitig Reste von Urin ausgeschieden. Dieser, aber vielleicht auch der Kontakt mit den Hautgiften, sorgt dafür, daß die Eier nicht so schnell verpilzen. Nur wenn bereits Gelege durch Auffressen verlorengingen, muß man schnell handeln und die frischen Eier am Abend des Ablaichtages aus dem Terrarium entnehmen.

Will man eine möglichst erfolgreiche Zucht betreiben und das Brutpflegeverhalten nicht beobachten, so sollten die Gelege immer aus dem Terrarium entnommen werden. Bis zum Schlupf der Kaulquappen lassen sich die Eier am besten in abgedeckten Petrischalen aufbewahren. Für die Arten, die ihre Eier auf dem „Trockenen", also außerhalb von Wasseransammlungen abgelegt haben, reicht es aus, wenn das Gelege in der Petrischale so eben mit Wasser in Berührung kommt und täglich kurz angesprüht wird. Legen die Frösche ihre Eier jedoch unterhalb der Wasseroberfläche ab (wie z. B. *Dendrobates ventrimaculatus* und *D. variabilis)*, so sollten sie auch in der Petrischale so eben mit Wasser bedeckt sein.

Die eigentliche Entnahme aus dem Terrarium ist nicht immer einfach. Im Idealfall hat man den Tieren eine mit einer halben Kokosnußschale etc. abgedeckte Petrischale als Eiablageplatz angeboten, und dieser wurde auch angenommen. Dann muß nur die Petrischale aus dem Behälter entnommen werden. Klebt das Gelege jedoch auf einem Blatt, so sollte es vorsichtig mit

Schematische Darstellung der Entwicklungsdauer von *Dendrobates auratus*.

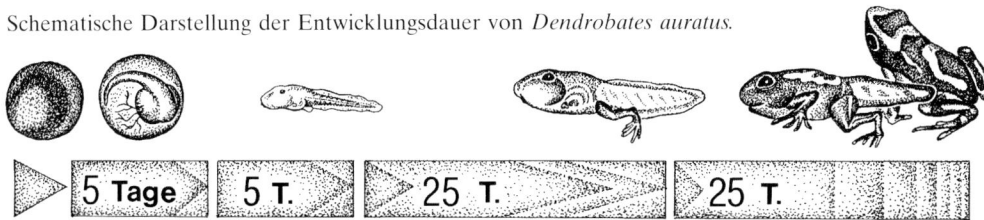

einem stumpfen Plastiklöffel auf die Petrischale geschoben werden. In Filmdosen abgelegte Eier werden ebenfalls vorsichtig mit einem Löffel herausgeschoben. Unter der Wasseroberfläche abgelegte Gelege sind meist nur leicht angeheftet, so daß sie sich problemlos herausschütten lassen, ggf. muß man auch hier mit einem Löffel etwas nachhelfen. Bei der Entnahme ist jedoch unbedingt darauf zu achten, daß die dunkle Eioberseite auch wirklich nach oben zeigt, da sonst die Eier leicht absterben können. Man erreicht dies, indem man vorsichtig durch leichte Hebeversuche mit dem Löffel versucht, das Ei in der Gallerthülle zu drehen. Nicht befruchtete Eier erkennt man sofort, da sie sich hell färben, aufquellen oder teilweise sogar aufplatzen. Sie sind sofort von den gesunden Eiern zu trennen.

Kurz bevor die Entwicklung der Kaulquappe abgeschlossen ist, muß der Wasserstand in der Petrischale langsam erhöht werden, so daß die Larven frei schwimmen können, sobald sie sich aus der Gallerthülle befreit haben. Hin und wieder kann es jedoch vorkommen, daß die Kaulquappen nicht von selbst die Gallerthülle durchstoßen können. Bevor man nachhilft, sollte man jedoch immer erst einmal lange genug warten, ob sie sich nicht doch alleine befreien, denn beim Durchstechen oder Zerschneiden der Gallerthülle, damit die Kaulquappe sich unter leichtem Schütteln selbst befreien kann, besteht immer eine gewisse Verletzungsgefahr.

Die frei in der Petrischale umherschwimmenden Larven werden nun vorsichtig entnommen und in kleine Aufzuchtdosen gesetzt, die mit Wasser gefüllt sind.

Doch nun kommt eine schwierige Frage: Kann man die Kaulquappen gemeinsam aufziehen, oder müssen sie einzeln aufgezogen werden? Vergleicht man die Literatur und die eigenen Erfahrungen, so stellt man fest, die Frage läßt sich selten eindeutig beantworten. Sicherlich einzeln aufgezogen werden müssen die Sprößlinge der sogenannten Eierfresser (z. B. *Dendrobates granulifer*, *D. histrionicus*, *D. lehmanni*, *D. pumilio* und *D. speciosus*) und die Kaulquappen der Arten aus der *Dendrobates-ventrimaculatus*-Gruppe (z. B. *Den-*

drobates castaneotictus, *D. fantasticus*, *D. imitator*, *D. reticulatus*, *D. variabilis* und *D. ventrimaculatus*). Schwieriger wird die Entscheidung schon bei den anderen *Dendrobates*- und *Minyobates*-Arten. So gibt WEYGOLDT, 1982, an, daß er die Larven eines *D.-tinctorius*-Geleges immer gemeinsam aufgezogen hat, sofern keine auffälligen Größenunterschiede auftraten. Zahlreiche andere Autoren und auch unsere Erfahrungen sprechen jedoch für eine Einzelhaltung, da die Kaulquappen nicht nur kannibalistisch veranlagt sind, sondern wahrscheinlich auch Hemmstoffe, die das Wachstum der übrigen Larven behindern, absondern. Problemlos lassen sich hingegen die Kaulquappen eines Geleges der meisten *Epipedobates*-, *Phyllobates*-, *Colostethus*- oder *Mannophryne*-Arten gemeinsam aufziehen.

Bei der Aufzucht sollte der Wasserstand in den ersten Tagen nicht zu hoch bemessen sein, 1 bis 2 cm sind für die ersten 3 Tage völlig ausreichend. Die idealen Aufzuchtdosen sind Behälter aus Plexiglas oder Glas. Zur Einzelaufzucht eignen sich Haushaltsdosen, kleine Gläser usw., deren Volumen von der Larvenart abhängig sein sollte. So benötigt z. B. *Dendrobates tinctorius* Behälter mit einem Volumen von 0,5 l und *Dendrobates ventrimaculatus* von nur 0,1 l.

Insgesamt scheinen die Arten, die in der Natur in kleinsten Wasseransammlungen großgezogen werden, nicht so empfindlich auf Wasserverunreinigungen zu reagieren.

Da man meist mehrere Larven zu versorgen hat und einem nicht unendlich viel Raum zur Verfügung steht, sollte man sich rechtzeitig Gedanken um eine möglichst platzsparende Aufzuchtanlage machen. Zur Aufzucht von *Dendrobates tinctorius* eignen sich z. B. viereckige Gläser, die sich problemlos stapeln lassen. Noch platzsparender sind die überall erhältlichen Schraubensortierkästen mit Hartplexiglasschubkästchen. Man kann die Kaulquappen dann in den in allen Größen erhältlichen Schubläden großziehen. Lediglich beim Kauf sollte man unbedingt darauf achten, daß es sich um eine sehr stabile Konstruktion handelt, da die mit Wasser gefüllten Schubkästchen ein enormes Ge-

Ein *Dendrobates-ventrimaculatus*-Weibchen besucht seine Kaulquappe in der als Eiablageplatz
zweckentfremdeten Filmdose, um einige Nähreier abzulegen.

wicht aufweisen. Sehr wichtig zu erwähnen
ist noch, daß alle Aufzuchtdosen höher
sein müssen als der vorgesehene Wasserstand, da die Larven sich sonst heraus-
schlängeln können. Anderenfalls muß man
die kleinen Behälter mit einem Deckel
verschließen.

Die Frage nach der idealen Aufzuchttem-
peratur läßt sich nicht pauschal beantworten. Für die meisten Arten sollten die
Temperaturen zwischen 20 °C nachts und
24 °C tagsüber betragen. Viel zu niedrige
oder viel zu hohe Temperaturen sollten
unbedingt vermieden werden. Auch sollten

die Behälter nicht zu dunkel stehen, ein
heller Platz ist bei den meisten Arten dem
Wachstum sehr förderlich.

Die gemeinsame Aufzucht kann in kleinen
Aquarien erfolgen. Bestens geeignet sind
die im Zoofachhandel erhältlichen Plastikaquarien. Für Arten, die ihre Larven in der
Natur in kleine Fließgewässer bringen –
dieses kann man teilweise leicht an der
Anatomie der Kaulquappen erkennen, sie
weisen einen schlankeren und länglicheren
Körperbau auf – empfiehlt sich zusätzlich
der Einsatz eines Wasserfilters oder zumindest eines Sprudelsteins, um eine

gewisse Wasserbewegung zu erzeugen. Auch sollte der Wasserteil mit schnellwüchsigen Pflanzen versehen werden. Besonders geeignet sind *Ceratophyllum demersum* und *Ceratophyllum submersum,* da sie an der Oberfläche schwimmen und für jeden Wasserwechsel leicht entnommen werden können. Da ein Wasserteil immer ein Reservoir für viele Erreger darstellt, sollte man bei großen Stückzahlen oder bei empfindlichen Arten das Wasser zusätzlich mit einer UV-Lampe (aus der Aquaristik) reinigen. (Dabei sind die Herstellerhinweise zu beachten: UV-Licht kann bei Dauereinwirkung am Menschen die Augen schädigen – deshalb ist für einen Mindestabstand von einem Meter zum Aufenthaltsbereich von Menschen und Unzugänglichkeit durch Unbefugte Sorge zu tragen.)

Ebenfalls Probleme bereitet häufig die richtige Ernährung der Larven. Grundsätzlich beginnt man erst am 4. Tag nach Verlassen der Gallerthülle mit dem Füttern, da die Larven sich solange noch von ihrem Rest Dottervorrat ernähren und man nur unnötig das Wasser verschmutzen würde. Dann beginnt man mit dem Verfüttern kleiner Mengen, immer nur so viel, wie die Kaulquappen – bei der Einzelaufzucht – bis zum nächsten Wasserwechsel vollständig auffressen. Besser noch – bei der gemeinsamen Aufzucht auch erforderlich – ist die tägliche Fütterung.

Was für ein Futter soll man verwenden? Die Auswahl an geeigneten Produkten (speziell aus der Aquaristik) und die Zahl

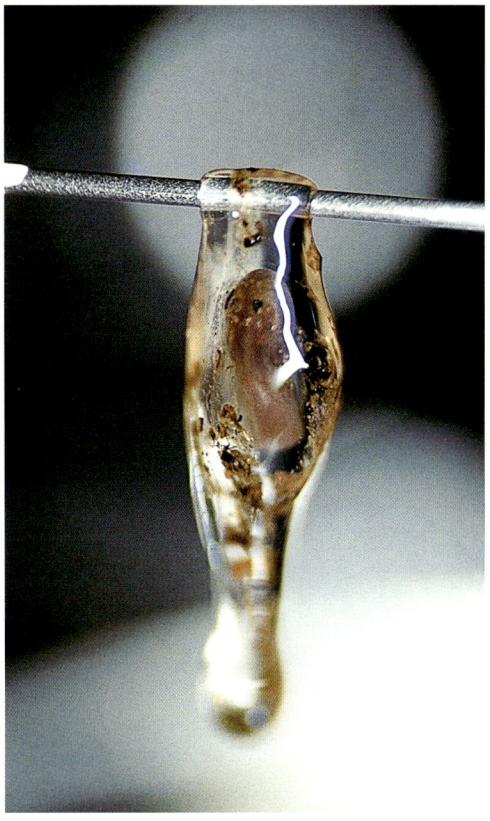

An diesem Bild läßt sich erkennen, wie vorsichtig man beim Aufreißen der Gallerthülle vorgehen muß. Bei der Terrarienhaltung ist jedoch manchmal Hilfestellung nötig, um die Kaulquappe zu befreien.

der Empfehlungen ist enorm. Die Zusammensetzung der Nahrung muß eine ausgewogene Ernährung sichern, und die einzelnen Futtersorten dürfen die Wasserquali-

Schraubenkästen eignen sich gut für die Kaulquappenaufzucht.

Auch diese Behälter bieten eine Möglichkeit, Kaulquappen einzeln aufzuziehen.

tät nicht zu stark beeinträchtigen. Geeignetes Futter sind die verschiedenen Zierfischfutter-Produkte (z. B. Tetranin, Liquifri), Wasserpflanzen, Algen, getrockneter ungespritzter Salat, Brennesselpulver, klein geraspelter ungespritzter roter Paprika, gefrorene oder getrocknete Mückenlarven und Bachflohkrebse etc., Rinderherz, Kaninchenpellets und vieles mehr. In der letzten Zeit haben sich die Planktontabletten aus der Aquaristik selbst als Alleinfutter hervorragend bewährt. Sie verschmutzen das Wasser wesentlich weniger als z. B. TetraMin und sorgen für eine ausgewogene Ernährung. Man sollte trotzdem immer etwas Abwechslung bieten und auch ein wenig experimentieren. So fressen z. B. die Kaulquappen von einigen *Colostethus*- und *Mannophryne*-Arten sehr gerne Kaninchenpellets.

Ein großes, vor allem arbeitsintensives Problem stellt der regelmäßige Wasserwechsel dar. Dieser sollte jeden zweiten, spätestens aber jeden dritten Tag erfolgen. Entscheidend über die Häufigkeit ist die Qualität des verwendeten Wassers. In einigen Gegenden ist die Trinkwasserqualität bereits so schlecht, daß eine Aufzucht von Kaulquappen zu gesunden Fröschen fast unmöglich ist. Das Wasser muß daher aufbereitet werden. Hierzu hat man verschiedene Möglichkeiten. Bestens bewährt hat sich, wenn das Wasser mit einem Osmosefilter gereinigt und dann wieder mit Leitungswasser 1:1 vermischt wird.

Hier muß jeder das ideale Verhältnis für sein Wasser selbst ausprobieren. Besser jedoch ist das regelmäßige Holen von unbelastetem Wasser (z. B. Quellwasser etc.) oder das Auffangen von Regenwasser, jedoch erst, wenn es bereits eine Weile geregnet hat. Einige Terrarianer lösen das Problem durch chemische Zusätze, die das Pilzwachstum und andere Erkrankungen verhindern, oder sie versuchen die notwendige Qualität durch das Versetzen ihres Leitungswassers mit „Aqua Safe" nach Gebrauchsanweisung zu erreichen. Hier muß jeder selbst ausprobieren, bis er eine geeignete Wasserqualität erhält. Leitungswasser sollte vor dem Verwenden immer mindestens 2 Tage offen im Raum stehen, damit das Chlor entweichen kann.

Trotz aller Vorsicht kann es hin und wieder passieren, daß die Wasserqualität sich kurzfristig ändert, z. B. wenn das Wasserwerk Wasser aus unterschiedlichen Quellen erhält, oder aber gegen Ende des Jahres, wenn die Wasserbelastung durch landwirtschaftliche Maßnahmen steigt. Gegen derartige „Unfälle" ist man allerdings meist machtlos.

Wie mühsam der Wasserwechsel bei der Einzelaufzucht ist, kann sich wohl jeder vorstellen. Erst muß die Kaulquappe vorsichtig aus dem verschmutzten Behälter herausgefangen und in den nun vorbereiteten gesetzt werden, dann muß der alte noch gereinigt werden. Bei 100 Larven geht dafür jedesmal weit über eine Stunde Zeit verloren. Daher experimentieren zur Zeit viele Liebhaber an einer automatischen Kaulquappenaufzuchtanlage. Das speziell aufbereitete Wasser wird z. B. über das Gardena-Multi-Drop-System täglich ein- bis zweimal in die einzelnen Behälter gepumpt, und überschüssiges Wasser kann durch einen gesicherten Überlauf abfließen.

Trotz aller Sorgfalt kann es hin und wieder zu Pilzbefall oder anderen bakteriellen Erkrankungen der Kaulquappen kommen. Die Suche nach geeigneten Medikamenten gestaltet sich häufig nicht so einfach. Gute Erfolge haben wir mit einem Mittel aus der Fischzucht, dem sogenannten FMC gemacht. Es besteht aus einer Mischung von 3,7 g Methylenblau und 3,7 g Malachitgrün, gelöst in 37%igem Formaldehyd (in der Apotheke mischen lassen!). Das Mittel muß vor der Anwendung auf 1:100 000 verdünnt werden. In dieser Lösung badet man nun die kranken Larven für einige Tage. Bei Anwendung der genannten Stoffe müssen Herstellerhinweise und Gebrauchsanweisungen genau beachtet werden; bei der Aufbewahrung muß der Zugang für Unbefugte verhindert werden.

Als letztes im Zusammenhang mit den Erkrankungen der Kaulquappen muß das Schreckgespenst der sogenannten „Streichholzbeine" erwähnt werden. Dieses Phänomen ist wahrscheinlich so alt wie die Froschzucht selbst. Verbergen sich dahinter doch eine ganze Reihe verschiedener Deformationen, wie steife, verkrüppelte und zu schwache Vorderbeine, aber auch unförmiger, mopsartiger Wuchs, so daß die Frösche niemals aufrecht sitzen können. Die meisten der derart mißgebildeten Nachzuchten sind nicht in der Lage, sich ausreichend zu ernähren, und versterben nach einiger Zeit. Bis heute sind die genauen Ursachen nicht geklärt. Sicher ist jedoch, daß es sich nicht um vererbbare Defekte handelt. Vielmehr scheint der Auslöser Streß z. B. durch verschmutztes Wasser, zu hohen oder zu niedrigen Temperaturen oder vielleicht auch mangelhafte Ernährung zu sein. Wichtigste Voraussetzung zur Vermeidung der Streichholzbeine ist daher eine abwechslungsreiche und ausgewogene Ernährung der Eltern und später der Larven. Ferner sollten die Wassertemperaturen nicht unter 18 °C und nicht auf über 25 °C steigen. Auch sind schlechte Wasserqualitäten unbedingt zu vermeiden, daher ist ein häufiger und regelmäßiger Wasserwechsel unumgänglich.

Zahlreiche Dendrobatidenarten (nicht nur aus der Gruppe der Eierfresser) lassen sich auch problemlos ohne unser Dazutun im Terrarium vermehren. Wichtigste Voraussetzung sind geeignete Wasseransammlungen, wie z. B. ein mit Hilfe eines Aquarienfilters stets gereinigtes Wasserteil. Hierbei ist unbedingt darauf zu achten, daß die Kaulquappen nicht in den Filter gelangen können. Die Frösche bringen nun ihre Larven selbst ins Wasserteil und überlassen sie ihrem Schicksal. Unter diesen Bedingungen kommen in der Regel nur einige wenige Jungtiere durch, die nach Abschluß der Metamorphose aus dem Terrarium herausgefangen und separat aufgezogen werden müssen. Diese Art der Vermehrung empfiehlt sich vor allem für zahlreiche *Epipedobates-*, *Colosthetus-* und *Mannophryne*-Arten.

Zum Schluß wollen wir die künstliche Aufzucht der sogenannten „Eierfresser"-Kaulquappen einmal kurz beschreiben. Besser jedoch ist gerade bei diesen Arten die natürliche Nachzucht im Terrarium, die bei allen Arten bereits mehrfach und häufig auch problemlos gelungen ist. Dafür sollten die Frösche in einer kleinen Gruppe, z. B. bestehend aus 5 Männchen und 5 Weibchen, in einem riesigen, dicht mit Bromelien bepflanzten Terrarium (z. B. L 200 × T 60 × H 100 cm) gepflegt werden. Die Mutter bringt dort ihre Larven selbst in geeignete Bromelientrichter und versorgt diese auch später mit Futtereiern. Auf diese Weise erhält man ohne Mühen stetig eine geringe Anzahl an Jungtieren. Wesentlich effektiver ist die Nachzucht, wenn man die Arten paarweise oder als Kleingruppe bestehend aus einem Männchen und zwei Weibchen pflegt. Dann ist die Gefahr des gegenseitigen Wegfressens von Eiern und Larven und das Stören bei der Eiablage wesentlich geringer. Nach WEYGOLDT, 1984, sind die Weibchen in der Lage, 5 bis 7 Larven gleichzeitig zu versorgen. Sie legen dann bis zum Abschluß der Entwicklung keine weiteren befruchteten Gelege mehr. Haben sie jedoch nur 1 oder 2 Larven zu versorgen, so legen sie weiterhin befruchtete Gelege ab und transportieren auch weiterhin Kaulquappen in die Pflanzentrichter.

Unter den Bedingungen der natürlichen Aufzucht verlassen die fertigen Frösche bereits nach 90 Tagen ihr Kleinstgewässer. Im Gegensatz dazu benötigen sie bei der künstlichen Aufzucht oft 150 bis 200 Tage.

Als erstes beschrieb BECHTER, 1978, die Aufzucht von *Dendrobates pumilio* und *D. lehmanni* als „das Ei des Kolumbus". Er verfütterte erst die Eier von *Phyllobates lugubris* (von ihnen entfernte er vorher die Gallerthülle) und dann später Hühnereigelb. Die letzte Methode hat sich bis heute bewährt.

Bei der künstlichen Aufzucht verfährt man wie folgt: Auch hier werden die Gelege wieder aus dem Terrarium entnommen und in eine Petrischale überführt. Die fertigen Kaulquappen werden dann später in kleine Behälter mit einem relativ niedrigen Wasserstand gebracht. Beginnend ab dem 5. Tag erhält jede Larve einen Tropfen frisches Eigelb ins Wasser gegeben. Da dieses nun zu einer starken Verschmutzung führt, muß spätestens nach 6 Stunden wieder ein Wasserwechsel erfolgen. Gefüttert wird nur täglich oder spätestens alle 2 Tage, wobei jedesmal wieder 1 Tropfen frisches Eigelb in den Wasserbehälter gegeben wird und spätestens 6 Stunden später wieder ein Wasserwechsel vorgenommen wird. Um nicht alle Besonderheiten hier ausführlich darzustellen, geben wir hier weitere Literaturhinweise, auf Arten bezogen: *Dendrobates granulifer* (MEYER, 1992), *Dendrobates histrionicus* (ZIMMERMANN & ZIMMERMANN, 1980, 1981 und 1982), *Dendrobates lehmanni* (BECHTER, 1978; ZIMMERMANN & ZIMMERMANN, 1980 und 1981), *Dendrobates pumilio* (BECHTER, 1978).

Aufzucht

Kurz vor Abschluß der Metamorphose brechen bei den kleinen Fröschen die Vorderbeine durch. Nun dauert es nur noch wenige Tage, bis sie das Wasser ganz verlassen. Während dieser Zeit stellen sie die Nahrungsaufnahme ganz ein. Sie leben dann von den durch die Schwanzresorption freiwerdenden Nährstoffe. Auch machen sie bereits erste Versuche, das Wasser zu verlassen, und klettern an den glatten Rändern der Aufzuchtdosen empor. Deshalb sollte man nie vergessen, sie rechtzeitig abzudecken. Der Wasserstand muß nun wieder langsam reduziert werden, damit der fast fertige Frosch nicht am Ende noch ertrinkt. Sicherheitshalber kann man ein kleines Stück Kork, welches von den Jungfröschen erklommen werden kann, hineingeben. Da sich jedoch die meisten metamorphosierten Tiere zum Rand hin orientieren, bietet dies nur begrenzt Sicherheit.

Eine andere Möglichkeit besteht darin, die fast fertigen Frösche in Spezialterrarien mit einem flachen Wasserteil und einem langsam ansteigenden Landteil zu setzen. Die fertigen Frösche haben dann keine Schwierigkeiten, an Land zu gehen. Eine weitere Möglichkeit ist es, die fertigen Frösche in kleine, mit Wasser gefüllte flache Dosen, die schräg in den Aufzuchtbehälter gestellt werden, zu setzen. Dann bereitet ihnen das Verlassen des Wassers ebenfalls keine Schwierigkeiten.

Die Aufzucht sollte in speziellen Kleinstterrarien erfolgen. Geeignet sind aber auch größere Haushaltdosen und die im Zoofachhandel erhältlichen Plastikaquarien. Der Boden, die Rückwand und die Seiten werden mit dünnen Korkplatten beklebt. Darauf gibt man als Versteckmöglichkeit einige schwarze Filmdosen, zerbrochene Preßtorfblumentöpfe, Laub, ein Stück Rinde u. ä. Die Bepflanzung sollte mit kleinbleibenden Bromelien und kleinblättrigen Rankpflanzen erfolgen. In diese gibt man nun eine kleine Gruppe Jungfrösche zur Aufzucht. Dabei muß man unbedingt beachten, daß der Besatz nicht zu hoch sein darf und auch die Behälter mit der Größe der Frösche mitwachsen müssen.

Spätestens bei Erreichen der Geschlechtsreife oder, wenn die ersten Tiere aggressiver Arten Revierverhalten zeigen, sind die Frösche in kleine Gruppen zu teilen. Beim Umsetzen der Tiere sollte man immer recht vorsichtig vorgehen, da einige Arten, gerade als Jungfrösche, recht „streßempfindlich" sind. So ist es bei *Dendrobates ventrimaculatus* besser, die Tiere erst in einem Alter von etwa 3 Monaten umzusetzen. Das Herausfangen der Tiere sollte niemals mit der bloßen Hand erfolgen. Am wenigsten Streß scheint es den Tieren zu bereiten, wenn man sie in ein durchsichtiges Röhrchen springen läßt, aus dem es anschließend im neuen Terrarium von alleine wieder herausklettern kann.

Die Versorgung der Aufzuchtbehälter ist denkbar einfach. Einmal täglich werden sie überbraust, so daß immer ausreichend Feuchtigkeit vorhanden ist. Bei dieser Gelegenheit gibt man immer gleichzeitig gut mit einem Vitamin-Mineralstoff-Aminosäuren-Gemisch (z. B. Korvimin ZVT) eingestäubtes Futter ins Terrarium (Herstellerhinweise beachten und vor Unbefugten gesichert aufbewahren).

Unersetzlich als Erstfutter für zahlreiche Arten sind Springschwänze, da alle Jungfrösche sofort nach den flinken weißen Insekten zu schnappen anfangen. Bis auf einige *Minyobates*-Arten, *Dendrobates pumilio* und die Arten der *Dendrobates-ventrimaculatus*-Gruppe können alle Nachzuchten in der Regel sofort Fliegen der kleinen Drosophila fressen.

Beispiel eines Aufzuchtbehälters für frisch umgewandelte Jungfrösche. ▷

38

III. Terrarienhaltung und -technik

Gedanken zum Aufstellplatz des Terrariums

Hat man nun den Entschluß gefaßt, sich mit der Pflege und Zucht von Pfeilgiftfröschen zu beschäftigen, so sollte man unbedingt folgende Reihenfolge bei der Anschaffung der Tiere einhalten: Als erstes wird das Terrarium gekauft und eingerichtet, sowie die notwendigen Futterzuchten angelegt, erst dann sollte man sich einige Dendrobatiden-Nachzuchten besorgen.

Zunächst muß man sich Gedanken zu dem Ort machen, an dem man das Terrarium aufstellen will. Neben rein ästhetischen Gesichtspunkten gibt es noch eine ganze Reihe wichtiger Faktoren, die unbedingt bedacht werden wollen. Bei den Dendrobatiden handelt es sich um wechselwarme Tiere, die einen ganz bestimmten artspezifischen Temperaturbereich benötigen, der genau eingehalten werden muß. Die größte Gefahr für sie geht dabei häufig von zu hohen Temperaturen aus. So sollte unter allen Umständen direkte Sonneneinstrahlung in das Terrarium vermieden werden, weil sich die kleinen Glasbehälter sehr schnell erwärmen und die Maximaltemperatur der Pfleglinge überschritten wird. Auch nicht jedes Zimmer ist geeignet, da besonders Südzimmer und Dachböden im Sommer für die Tiere unerträglich hohe Temperaturen aufweisen.

Aber nicht nur zu hohe Temperaturen bereiten Probleme. Da es sich ausschließlich um tropische Frösche handelt, dürfen die Temperaturen auch nicht zu stark absinken. So muß das Zimmer im Winter in der Regel zusätzlich zum Terrarium beheizt werden.

Ideal wäre ein heller Standort in einem aufs Jahr gesehen gleichmäßig warmen Zimmer. Für größere Terrarienanlagen eignen sich gut isolierte Keller, da es leichter ist, einen Raum zu erwärmen als die Temperaturen in ihm zu senken. Auch

ist das Beheizen eines Zimmers in der Regel preisgünstiger, als zahlreiche Terrarien einzeln zu erwärmen.

Ganz wichtig ist noch, daß man nie vergißt, daß es sich bei den Pfeilgiftfröschen um Gifttiere handelt. Die Terrarien sollten also entweder verschließbar sein oder aber vor Kindern und anderen Unbefugten sicher aufgestellt werden. Sollte es zu einer Vergiftung kommen, ist sofort ein Arzt hinzuzuziehen.

Planung, Anschaffung und Selbstbau

Durch die in den letzten Jahren gestiegene Nachfrage hat sich das Angebot an käuflichen Terrarien stark erhöht. Leider haben diese Becken immer genormte Maße und lassen sich nur schwierig in ein Zimmer integrieren. In diese Marktlücke sind einige Spezialfirmen für Terrarienbau gestoßen, die einem die Terrarien nach Wunsch anfertigen. Adressen findet man in den verschiedenen Fachzeitschriften: DATZ, Sauria, herpetofauna usw.

Wer aber über einigermaßen technisches Geschick verfügt, kann sich auch leicht sein maßgeschneidertes, nach individuellen Gesichtspunkten geplantes Terrarium selbst bauen. Bauanleitungen hierzu wurden schon zahllos veröffentlicht (NIETZKE, 1980; LILGE & VAN MEEUWEN, 1979; HESELHAUS, 1989, SCHULTE, 1980, u. v. m.).

Im folgenden sollen einige wichtige Details, die für die Pfeilgiftfroschterrarienplanung von besonderer Bedeutung sind, kurz erwähnt werden.

Die geeignetsten Baumaterialien sind Glas und Silikon. Denn Glas hat viele Vorteile gegenüber anderen Baumaterialien; so läßt es sich von einem Glaser auf jedes gewünschte Maß zurechtschneiden und ist anschließend leicht und sauber zu verarbeiten. Außerdem ist ein silikonverklebtes Glasterrarium wasserbeständig und leicht zu reinigen sowie zu desinfizieren.

Fast in jedem Ort gibt es eine Glaserei, in der man sich das Glas nach Maß zurechtschneiden lassen kann. Um unnötige Schnittverletzungen zu vermeiden, sollte man sich immer sofort auch die Kanten schleifen lassen. Für die Frontscheiben eignet sich Kristallglas, da es beim Fotografieren weniger verzerrt.

Beim Kauf des Silikons muß man unbedingt darauf achten, daß es sich um ein Produkt handelt, welches auf Essigbasis gelöst wird. Häufig sind gerade die preiswerten Kleber mit chemischen Lösungsmitteln gelöst, die sehr lange noch von dem Silikon nach der Verarbeitung freigesetzt werden. Durch sie sind vereinzelte Vergiftungserscheinungen bereits aufgetreten. Nachdem das Terrarium fertig geklebt ist, muß es einige Tage auslüften und vor dem Einrichten gut mit Wasser ausgespült werden.

Grundsätzlich gilt auch hier: Herstellerhinweise und fachliche Ratschläge beachten, den Zugang für Unbefugte verhindern.

Alle Terrarien sollten mit 2 Lüftungsflächen ausgestattet sein, eine oben im Deckel und eine unterhalb der Frontscheibe, um ein Beschlagen derselben zu vermeiden. Als Gaze eignet sich Kunststoff- und Metallgewebe mit einer Maschenweite von etwa 500 Mikrometern, damit ein ausreichender Luftaustausch gewährleistet ist, aber keine Fruchtfliegen entweichen können. Neben der Einrichtung kann man die Terrarien auch durch Aufkleben von Zierleisten verschönern, wie z. B. Aluminiumprofile. Bei Behältern mit einer sehr geringen Tiefe läßt sich der räumliche Eindruck durch schräg aufliegende Frontscheiben (Bauanleitung s. LILGE & VAN MEEUWEN, 1979) verbessern, da die Terrarien dann optisch tiefer wirken. Als Zugang zum Terrarium haben sich Schiebetüren aus Glas, geführt in einem Doppel-U-Profil, oder eine einzelne Scheibe, geführt in einem H-Profil, die man überall in Baumärkten kaufen kann, bewährt. Eine andere Möglichkeit stellen die H-Aluminiumprofile dar, z. B. wenn das Terrarium nur mit einer durchgehenden Scheibe verschlossen werden soll. Stellt man mehrere derartige Terrarien nebeneinander, so müssen sie dann jedoch etwas versetzt aufgestellt werden, damit die Frontscheiben sich öffnen lassen.

Geeignete Terrarien – Terrarientypen

Im folgenden wollen wir 5 Terrarientypen beschreiben, in denen man die unterschiedlichen Pfeilgiftfroscharten pflegen kann. Dies soll keine abschließende Aufzählung sein. Vielmehr handelt es sich nur um Vorschläge zur artgerechten Unterbringung, auf die wir uns bei den Artenbeschreibungen beziehen. Der fünfte Vorschlag stellt eigentlich keinen eigenen Terrarientyp zur Pflege bestimmter Arten dar. Er wurde als Ergänzung in die Beschreibungen aufgenommen, da er häufig zur Unterbringung von Dendrobatiden verwendet wird.

Terrarientyp I:
Das hohe Regenwaldterrarium

Dieser Terrarientyp eignet sich vor allem zur Pflege baumbewohnender Pfeilgiftfrösche und für die Arten aus der *Dendroba-*

Typ I

41

tes-ventrimaculatus-Gruppe. Das besondere Kennzeichen dieses Terrariums ist die Höhe, sie sollte immer so gewählt sein, daß neben der Bodenregion eine ganz klar abgegrenzte höhere Ebene aus Pflanzen gebildet werden kann. Die Größe richtet sich nach der gepflegten Art. So sollte der Behälter zur Pflege eines Paares von *Dendrobates ventrimaculatus* etwa L 30 × T 25 × H 40 cm (Länge × Tiefe × Höhe) groß sein. Der Bodengrund kann denkbar einfach gestaltet werden. Eine Korkplatte mit Moos bewachsen und mit etwas trockenem Laub abgedeckt reicht völlig aus. Auch ein Wasserteil ist entbehrlich. Die weitere Einrichtung kann aus einer kleinen kräftigen Wurzel oder Ähnlichem bestehen. Die Rück- und Seitenwände werden mit dünnen Korkplatten beklebt, um den Fröschen als zusätzliche Kletterfläche zu dienen.

Etwa 20 cm über dem Boden (je nach Terrarienhöhe) pflanzt man an den Seiten und auf der Wurzel eine Gruppe kleinbleibender Bromelien, die einen eigenen Lebensraum für die Pfeilgiftfrösche bilden.

Einige kleine Farne und kleinblättrige Rankpflanzen vervollständigen die Einrichtung.

Terrarientyp II:
Das Regenwaldbodenterrarium

Dieser Terrarientyp eignet sich vor allem zur Pflege der *Allobates*- und *Epipedobates*-Arten. Besonderes Kennzeichen dieses Terrarientyps ist die große Bodenfläche. So sollte ein Terrarium zur Pflege eines Pärchens *Allobates femoralis* etwa folgende Größe aufweisen: L 60 × T 50 × H 50 cm.

Auch bei diesem Typ werden wieder die Rück- und Seitenwände mit dünnem Kork verkleidet. Der Aufbau des Bodenteils ist schon komplizierter. Wichtig ist ein Wasserteil, dessen Boden mit Kies bedeckt wird. Ideal wäre ein schräg ansteigendes Ufer. Das Landteil wird nun z. B. aus dicken Korkplatten gebildet, die terrassenförmig nach hinten ansteigen. Darauf gibt man einige Moosplatten und eine dekorative größere Wurzel. Die gesamte Boden-

Typ II

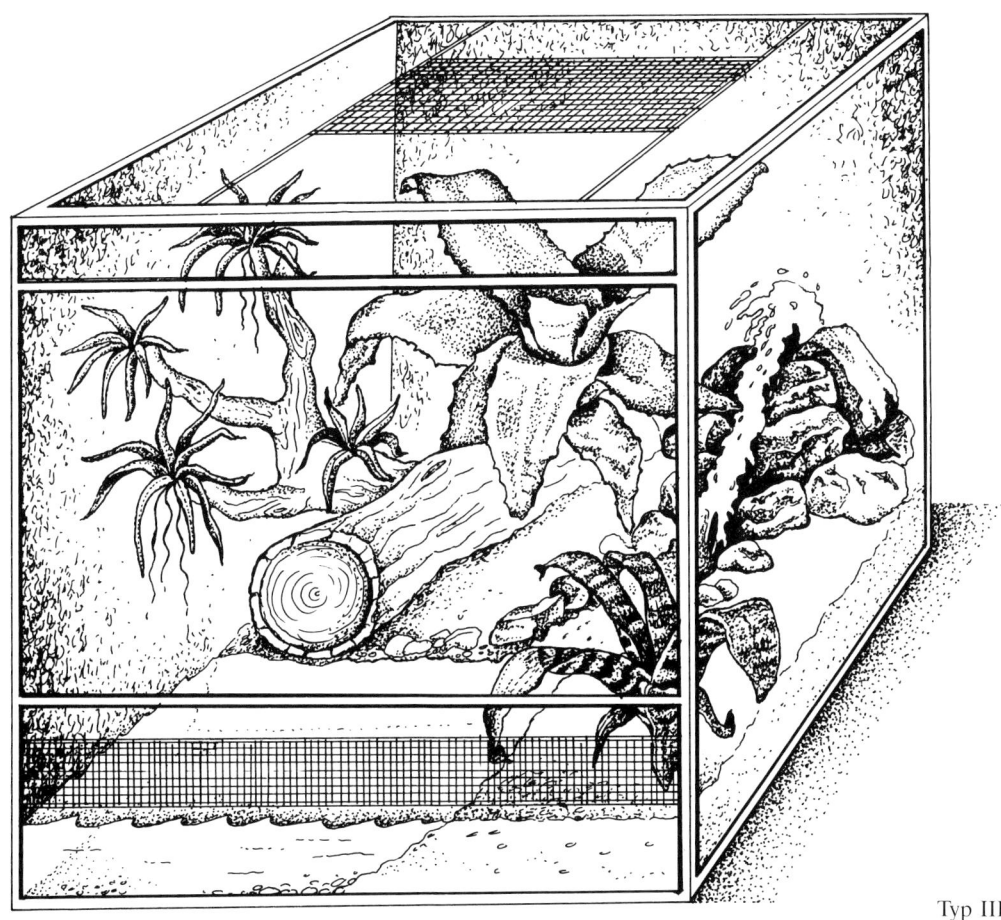

fläche wird dann mit einer hohen Laubschicht abgedeckt, die den Fröschen zahllose Verstecke bietet. Als Bepflanzung dienen einige größere Bromelien, die auf den Boden gepflanzt und auf der Wurzel aufgebunden werden. Zahlreiche kleinere Farne und Rankpflanzen runden die Einrichtung ab.

Terrarientyp III:
Das Bachlauf- oder Colostethus-Terrarium

Wie der Name schon verrät, eignet sich dieser Terrarientyp vor allem zur Pflege von Arten, die bewegtes Wasser als Stimulation zur Fortpflanzung benötigen oder die nur in der Nähe von kleinen Fließgewässern im Regenwald leben. Dazu gehören insbesondere die Raketenfrösche. Der eigentliche Unterschied zum Regenwaldbodenterrarium ist ein nachgebildeter Bachlauf, über den das Wasser in ein großes Wasserteil fließt. Die Terrariengröße richtet sich nach der Anzahl der gepflegten Tiere. So kann man eine kleine Gruppe von *Colostethus sauli* leicht in einem Terrarium der Größe L 80 × T 50 × H 50 cm pflegen. Wichtig ist auch bei diesem Terrariumtyp eine größere Bodenfläche. Die Rück- und die Seitenwände sollten mit einem spritzwasserfesten Material, z. B. Moltofill für Außen, dicht verkleidet werden. Das Landteil kann wieder aus dicken Korkplatten, die terrassenförmig vom Wasserteil her ansteigen, gebildet werden. Der Bodengrund wird dann mit Moos und trockenem Laub abgedeckt. Eine dekorative Wurzel, zahlreiche Rankpflanzen und zwei bis drei größere Bromelien runden die Einrichtung ab.

Typ IV

Terrarientyp IV:
Das Standardterrarium

In diesem Terrarientyp kann man nahezu alle Dendrobatidenarten pflegen. Lediglich die *Colostethus*- und *Mannophryne*-Arten sollten möglichst immer im Terrarientyp III untergebracht werden. Die Terrariengröße ist abhängig von der gepflegten Art, so sollte das Terrarium zur Pflege eines Paares *Dendrobates tinctorius* etwa die Größe von L 50 × T 50 × H 50 cm aufweisen und das zur Pflege eines Paares *Phobobates trivittatus* etwa von L 120 × T 60 × H 70 cm, da letztere Art zu enormen Sprüngen befähigt ist.

Die Rück- und Seitenwände werden mit dünnen Korkplatten dicht verkleidet. Die Einrichtung besteht wieder aus einem kleinen Wasserteil und einem leicht ansteigenden Landteil. Auf das Landteil werden einige dekorative Wurzeln gelegt, so daß die Frösche zahllose Versteckmöglichkeiten haben. Auch wird der Boden wieder mit Moos und etwas trockenem Laub abgedeckt. Da für viele Arten die Bepflanzung ohne Bedeutung ist, kann sie rein nach ästhetischen Gesichtspunkten ausgesucht werden. Geeignet sind die verschiedenartigen Bromeliengewächse, Tillandsien, kleine Orchideen, kleinbleibende Farnarten und verschiedene Rankpflanzen.

Terrarientyp V:
Das Paludarium

Das Paludarium ist ein Becken ganz besonderer Art. Halb Aquarium, halb Terrarium, dient es oftmals als Prunkstück einer Terrariensammlung oder aber als kleiner Urwald im Wohnzimmer. Die Kombination von Tieren und Pflanzen kommt hier besonders gut zur Geltung. Während sich im Wasser bunte Fische tummeln, laufen auf dem Landteil und den Epiphytenästen die Pfeilgiftfrösche herum. Damit ein derartiges Terrarium optisch richtig zur Geltung kommt, muß es schon eine gewisse Größe aufweisen. Die Mindestgröße sollte etwa L 100 × T 60 × H 120 cm betragen, wobei das Wasserteil etwa ⅓ bis ⅔ der Grundfläche bedecken und etwa 30 cm hoch sein sollte. Die geringe Bodenfläche wird durch das enorme Volumen ausgeglichen. So kann man mit Hilfe einiger dicker verschlungener Äste und einer üppigen Bepflanzung eine zweite oder gar dritte Ebene als Lebensraum selbst für bodenbewohnende Arten schaffen.

Die Rück- und Seitenwände werden wieder mit Korkplatten u. ä. verkleidet und sollten bepflanzt werden. Auf den Bodengrund gibt man dicke Äste und Wurzeln, die den Fröschen ein Erklettern der höheren Regionen ermöglichen, ferner noch einige Pflanzen wie Bromelien etc. Die freien Flächen werden mit Moos und Laub abgedeckt. Die Bepflanzung kann aufgrund des geringen Gewichtes der Pfleglinge auch aus empfindlichen Arten gebildet werden. Optisch am schönsten sind mit Orchideen, Tillandsien, kleinen Bromelien usw. dicht bepflanzte Epiphytenäste. Die Seiten sollten mit Rankpflanzen und kleinen Bromelien bepflanzt werden, die den Tieren als Kletterfläche dienen.

Bei der Auswahl der geeigneten Fischarten sollte man darauf achten, keine Barsche oder andere Raubfischarten ins Becken einzusetzen, auch sollten nur sehr

Typ V

45

kleine – ideal wären algenfressende – Arten verwendet werden.

Einige Dendrobatiden, speziell aus den Gattungen *Epipedobates* und *Colostethus,* werden sicherlich ihre Kaulquappen in das große Wasserbecken tragen. Jedoch ist die Ausfallrate häufig enorm, so daß man besser die Gelege vorher entnimmt und separat aufzieht. Für die höheren Regionen wählt man am besten eine baumbewohnende *Dendrobates-pumilio*-Form oder eine schöne *Dendrobates-ventrimaculatus*-Variante, da sie ihre Larven selbst großziehen. Jedoch müssen alle fertigen Jungfrösche herausgefangen und separat aufgezogen werden, da es schwierig wird, die erforderliche Konzentration an kleinsten Futtertieren zu erreichen. Man muß ein wenig ausprobieren, welche Arten sich für das eigene Becken eignen.

Über die freie Haltung in einem Gewächshaus bzw. Wintergarten oder in einem speziell für die Pfeilgiftfroschpflege hergerichteten Zimmer

Schon immer pflegten einige Terrarianer ihre Dendrobatiden frei im Wintergarten oder Gewächshaus. Nicht so häufig ist hingegen der Versuch, die Frösche im speziell für ihre Haltung präparierten Zimmer, z. B. umgebauten Kellerraum, zu pflegen. Diese Haltungsarten erscheinen einem auf den ersten Blick als optimal, da man einen natürlichen Biotopausschnitt nachbauen kann. Auch ist es schon ein beeindruckendes Erlebnis, seine Frösche einmal ohne Glas davor beobachten zu können. Doch ist der Optimalzustand nicht so leicht zu verwirklichen. Ganz abgesehen von den zahlreichen technischen Problemen, wie Feuchtigkeit im Mauerwerk usw., ist bis heute von keiner erfolgreichen Haltung und Zucht berichtet worden – außer bei Arten wie *Epipedobates tricolor,* die sich scheinbar überall fortpflanzen, wenn gewisse Bedingungen erfüllt sind. Ein Hauptproblem sind auch die Temperaturen, so sinken sie z. B. im Winter nachts so stark ab, daß die tropischen Frösche zu erfrieren drohen. Ein weiteres Problem stellt die ausreichen-

de und ausgewogene Ernährung dar. So ist es kaum möglich, seine Tiere ausreichend mit von Korvimin ZVT (siehe Hinweis im Kapitel Aufzucht) eingestäubten Futtertieren zu versorgen. Auch sollte man bedenken, wie viele Futtertiere man benötigt, um eine ausreichende Futterkonzentration in dem Gewächshaus usw. zu erreichen.

Terrarieneinrichtung und -gestaltung

Häufig wird versucht, mit der Terrarieneinrichtung einen möglichst zutreffenden Biotopausschnitt aus dem natürlichen Lebensraum nachzubilden. Jedoch steht dabei immer nur der optische Eindruck im Vordergrund. Wichtig für eine artgerechte Haltung ist nicht der genaue Biotopausschnitt und die dazugehörige Lebensgemeinschaft (Biozönose), die im Terrarium sowieso nicht nachvollziehbar und auch nicht erwünscht ist – denn dazu würden natürlicher Konkurrenzdruck, Feinde und noch andere Faktoren gehören –, sondern vielmehr, daß man den tatsächlich erforderlichen Ansprüchen seiner Art gerecht wird.

Der Bodengrund spielt in der Regel für die Dendrobatidenhaltung nur eine untergeordnete Rolle. Lediglich unter Laub oder unter Wurzeln in ihren Verstecken kommen sie damit einmal in Berührung. Verwendet werden können daher alle üblichen Materialien wie z. B. Lekaton, Sand-Torf-Gemisch, Gartenerde usw. Sie sollten jedoch immer mit Moos, trockenem Laub oder anderen Materialien abgedeckt werden. Eine weitere Möglichkeit, die auch gleichzeitig einen enormen Gestaltungsspielraum in sich birgt, ist das Auslegen des Bodens mit dicken Dachdekkerkorkplatten, da sich so Landschaften, aber auch einfache Versteckmöglichkeiten leicht herausbrechen lassen. Ähnlich verhält es sich bei Styropor oder Styrodur. Mit diesen Materialien lassen sich hervorragend Landschaften und Bachläufe bilden. Allerdings muß die gesamte Oberfläche anschließend mit Moltofill für Außen oder etwas Ähnlichem bestrichen werden. Darauf gibt man dann wieder einige Moospolster und trockenes Laub. (Bei den genannten Materialien sind die Herstellerhinweise zu beachten – u. a. ist nach den Klebearbeiten gut zu lüften –, Unbefugte müssen ferngehalten werden.)

Entnimmt man das Moos aus der Natur, so kann man ein Einschleppen von Schnekken und anderen unerwünschten Tieren nicht verhindern. Geeignete Zuchtmoose gibt es im Gartenfachhandel leider nicht, so daß man sich nur mit Javamoos (einer Aquarienpflanze, die auch in sehr feuchten Terrarien wächst) behelfen kann. Das Javamoos wird einfach auf die Bodenfläche verteilt und muß dann immer feuchtgehalten werden. Ideal für diese Pflanze ist Lekaton als Grundlage. Auch das Laub weist häufig einen Befall mit unerwünschten Tieren auf. Diese kann man durch kurzzeitiges Erhitzen im Backofen abtöten.

Die Seitenwände und die Rückwand werden am besten mit Korkplatten verkleidet. Geeignet ist der ca. 3 mm starke, helle Tapezierkork, der im Tapetenfachhandel in 60×30 cm großen Platten erhältlich ist. Die Korkplatten werden einfach auf die benötigte Größe zurechtgeschnitten und mit Silikon auf die Scheiben geklebt (Herstellerhinweise beachten – u. a. gut lüften – und Unbefugte fernhalten). Dieser Kork hat allerdings einen Nachteil – er läßt sich nur schlecht bepflanzen. Lediglich Luftwurzeln bildende Rankpflanzen, wie *Ficus pumila*, wachsen problemlos daran in die Höhe. Mit etwas Geschick lassen sich aber auch Sukkulenten an ihnen befestigen. Robustere Tillandsien kann man z. B. einfach mit Silikon aufkleben oder mit Draht vorsichtig feststecken.

Besser zum Bepflanzen geeignet ist da schon der dunkle Dachdeckerkork, der in unterschiedlichen Stärken von 1 bis 6 cm erhältlich ist. Von ihm gibt es zwei Sorten, einmal den heiß im eigenen Harz gepreßten und zum anderen den geklebten. Letzterer ist jedoch giftig und kann deshalb nicht im Terrarium verwendet werden. Ein weiterer Vorteil der dicken Korkplatten ist ihre leicht gestaltbare Oberfläche, die man mit einer Fräse, aber auch mit einem Messer bearbeiten kann. Dieser Kork eignet sich auch, wie schon erwähnt, hervorragend als Bodengrund.

Auch lassen sich die dicken Platten teilweise leicht aushöhlen und anschließend bepflanzen. Leider zieht er nicht so gut das Wasser vom Boden aus hoch, wie dies Mexifarnplatten beispielsweise können. Deshalb müssen die Pflanzen auch häufig gegossen werden. Auf Mexifarnplatten, welche sicherlich die beste Grundlage zum Bepflanzen darstellen, sollte man aus Naturschutzgründen jedoch verzichten.

Daneben gibt es aber noch eine ganze Reihe anderer Möglichkeiten, die Wände zu gestalten, wie z. B. Bestreichen mit eingefärbtem Moltofill für Außen, Bekleben mit Torfplatten oder Rindenabschwarten usw. Wer keine Unkosten scheut, kann aber auch die Wände mit gepreßter, natürlich gelassener Korkeichenrinde bekleben. Etwas billiger, aber optisch genauso schön ist es, sich ungepreßte Korkeichenrinde zu kaufen, diese in kleine natürliche Stücke zu brechen, die Rückseiten plan zu schneiden und dann die Wände mosaikartig zu bekleben. Die letzten beiden Vorschläge verleihen dem Terrarium das natürlichste Aussehen.

Auf die Bodenschicht legt man einige alte verhärtete Wurzelstücke und andere ähnliche Gegenstände wie z. B. Moorkienholz und stark verwachsenes Rebholz. Aber auch einige einzelne Steine lassen sich dekorativ ins Terrarium einbringen. Wichtig ist bei diesen Gegenständen nur, daß sie ausreichende Versteck- und Klettermöglichkeiten bieten.

Einige Pfeilgiftfroscharten, besonders die Arten der Gattung *Colostethus*, leben nur an den Rändern bzw. in unmittelbarer Nähe von Bachläufen. Um diesen Arten eine möglichst artgerechte Haltung zu bieten, aber auch um das Fortpflanzungsverhalten überhaupt auszulösen, sollte man einen kleinen Bachlauf in das Terrarium integrieren. Am einfachsten ist es, diesen an der Rückwand entlang in ein großes Wasserteil laufen zu lassen. Zum Bau des Bachbettes eignen sich verschiedene Materialien. So kann es z. B. aus Ton geformt, dann gebrannt und lackiert werden. Das Bachbett läßt sich leicht mit Kieselsteinen und mit Javamoos auslegen, um ihm ein natürliches Aussehen zu verleihen. Am leichtesten betreiben läßt sich der Bachlauf, wenn das Terrarium im Boden des Wasserteils eine Bohrung aufweist. Durch diese wird das Wasser abgepumpt und frisch gefiltert wieder an den Beginn des Bachlaufes ins Terrarium eingeleitet. Als Filter eignen sich ganz normale Aquarienfilter. Beachten sollte man jedoch, daß das Abflußloch gut gegen feste Teilchen und Kaulquappen geschützt ist, z. B. durch aufgeklebte Filterwatte, abgedeckt mit einer 2 cm hohen Kiesschicht.

Ein kleines Wasserteil sollte eigentlich in einem Dendrobatiden-Terrarium nie fehlen, weil sich die Frösche gerne zum Wassertanken hineinsetzen. Die einfachste Möglichkeit, ein solches im Terrarium zu integrieren ist es, einfach eine Ecke oder auch entlang der Frontseite mit einem eingeklebten Glasstreifen dieses vom Landteil abzugrenzen. Hat man sich als Bodengrund für eine dicke Korkplatte entschieden, so kann man den Teich einfach herausbrechen. Aber auch Tonschalen usw. lassen sich leicht als „natürliche" Wasseransammlung im Terrarium integrieren.

Als letztes wollen wir auf die zahllosen Möglichkeiten bei der Gestaltung künstlicher Eiablageplätze eingehen. Diese Aufzählung kann nur beispielhaft sein. Jeder Terrarianer sollte nach Belieben variieren. Für die Zucht von Dendrobatiden ist es immer unerläßlich, seinen Fröschen eine gewisse Auswahl an geeigneten Eiablageplätzen anzubieten. In der Natur legen die Pfeilgiftfrösche ihre Gelege versteckt im Laub, frei auf großen beschatteten Blättern, in den Blattachseln von Bromeliengewächsen oder in feuchten Felsspalten usw. ab. Die meisten Arten besitzen eine bestimmte Eigenart oder Vorliebe.

Übereinstimmendes Merkmal der meisten Eiablageplätze ist der glatte Untergrund an einer geschützten Stelle. Dies kann man auch im Terrarium gut beobachten, da die Frösche in der Regel dunkle, geschützte Stellen zur Eiablage benutzen. Haben sie sich einmal für einen Ort entschieden, so kommen sie häufig immer wieder dorthin zurück. Im Terrarium muß man daher versuchen, derartige Plätze künstlich zu

schaffen, da sie nicht nur den Fröschen geeignet erscheinen sollen, sondern auch leicht kontrollier- und entnehmbar sein müssen.

Es bieten sich eine ganze Reihe von optisch schönen oder einfach nur zweckmäßigen Gegenständen an. Sehr zweckmäßig sind die schwarzen Filmdöschen, in die selbst *Dendrobates tinctorius* schon ihre Eier gelegt haben. Als Untergrund für auf den Boden, im Laub oder in dunklen Verstecken ablaichende Arten eignen sich besonders gut die Deckel der Petrischalen. Ihr Vorteil liegt in dem kleinen Rand; da die Frösche die Eier beim Betreuen gerne hin und her schieben, wird so ein Verlust durch Herunterschieben oder Festkleben mit der Abdeckung vermieden. Über diese Petrischälchen stülpt man unterschiedliche Gegenstände. Am bekanntesten und auch am natürlichsten im Aussehen sind die halbierten Kokosnüsse. Es eignen sich aber auch Tonblumentöpfe, flache L-Tonschalen, Preßtorfblumentöpfe usw., die man nach dekorativen Gesichtspunkten aussuchen kann. Wichtig ist, daß die Verstecke nicht zu groß sind, flache werden häufig lieber angenommen. Am geeignetsten sind daher die im Durchmesser 10 cm großen L-Tonschalen, in die die Deckel der Petrischalen genau hineinpassen. In all diese Verstecke muß natürlich ein nicht zu großes Loch zum Hineinschlüpfen der Tiere gebrochen oder geflext werden. Sehr wichtig ist es für alle Arten, daß die Unterlagen möglichst waagerecht stehen. Auch sollten derartige Behälter immer auf verschiedenen Höhen im Terrarium untergebracht werden.

Für die Arten, die lieber ganz offen auf großen Blättern ablaichen, muß immer eine entsprechende Pflanze wie z. B. eine große Bromelie im Terrarium vorhanden sein. Die Blätter sind meist glatt, und durch die übereinanderliegende Anordnung weisen sie genügend geschützte Stellen auf. Einige Arten aus der *Dendrobates-ventrimaculatus*-Gruppe, z. B. die gelbe Farbvariante aus Französisch-Guyana und die rote aus Peru von *Dendrobates quinquevittatus* und *Dendrobates variabilis,* legen ihre Gelege genau unterhalb der Wasseroberfläche ab. Damit man die Eier

Eiablageplatz unter
einer Kokosnußhälfte.

nicht immer mühsam in den Blattachseln der Pflanzen suchen muß, legt man für sie einige leicht schräg gestellte schwarze, halb mit Wasser gefüllte Filmdöschen ins Terrarium. Um seinen Fröschen die Auswahl der geeigneten Filmdose zu erleichtern, müssen sie in unterschiedlichen Höhen ins Terrarium eingebracht werden. Besonders gerne werden an den Seiten kurz oberhalb der Bromelien angebrachte angenommen. Die Öffnung sollte immer nach vorne gerichtet sein, damit man sie leichter kontrollieren kann.

Die Bepflanzung

Für zahlreiche Dendrobatidenarten spielt die Bepflanzung nur eine untergeordnete Rolle. In ihren Lebensräumen, der Laubschicht auf dem Boden der Urwälder, verborgen unter Wurzeln und versteckt in Felsspalten, leben kaum Pflanzen, von Moosen einmal abgesehen. Lediglich einige Arten aus der *Dendrobates-ventrimaculatus*-Gruppe laichen auch in der Natur in Bromelien ab. Selbst die eifressenden Arten aus der *Dendrobates-pumilio*-Grup-

Eiablageplatz unter
einem Tonblumentopf.

pe setzen ihre Gelege in der Natur in der Regel im Laub ab und ziehen ihre Kaulquappen in jeder geeigneten Wasseransammlung auf, wie sie sich z. B. in leeren Schoten der Kakaofrüchte bilden kann. Folglich kann die Bepflanzung nach rein ästhetischen Gesichtspunkten erfolgen. Hauptaufgabe dürfte es sein, den Terrarien ein möglichst natürliches Aussehen zu verleihen.

Die Grundbepflanzung erfolgt wie schon beschrieben mit Moosen. Am besten geeignet ist Javamoos, eine Art, die sowohl im Wasser als auch auf dem Land wachsen kann. Als Aquarienpflanze ist sie im Zoofachhandel erhältlich. Will man ein größeres Becken damit bepflanzen, benötigt man große Mengen, da das Moos an Land nur langsam wächst. Bepflanzt wird das Terrarium, indem man das Javamoos gleichmäßig auf alle zu begrünenden Flächen verteilt. Gerade in der ersten Zeit ist es nun besonders wichtig, das Moos möglichst häufig zu besprühen, so daß es immer naß bleibt.

Für eine üppige Bepflanzung, besonders mit etwas empfindlichen Pflanzen, ist die richtige Anlage des Bodengrundes wichtig. Verwendet man nicht ausschließlich Lekaton, so sollte unter der Bodenschicht – geeignet ist ungedüngte Blumenerde, Gartenerde usw. – eine Drainageschicht mit Lekatonkugeln oder Styroporschnipseln angelegt sein, damit sich keine Staunässe bildet und die Wurzeln nicht abfaulen. Für die Düngung der Pflanzen sorgen die Frösche selbst.

Geeignet sind zahlreiche kleinblättrige, sehr dekorative Rankpflanzen und Farne, neben den üblichen Bromelien- und Ananasgewächsen. Gerade die Bromelien der Gattungen *Aechmea, Guzmania, Neoregelia, Nidularium, Vrisea* und andere eignen sich besonders, da sie das feuchtwarme Terrarienklima gut vertragen, nur einen mittelmäßigen Lichtbedarf haben und sich problemlos durch Kindel vermehren. Man kann sie sowohl auf den Boden pflanzen als auch auf Ästen, Seitenwänden usw. aufbinden. Wichtig ist bei allen Bromelien, daß man die Wassertrichter regelmäßig kontrolliert und abgestorbene Exemplare entfernt.

Soll das Terrarium ein optisches Glanzstück oder ein Schaubecken im Wohnzimmer darstellen, so wird man auf einige andere Pflanzen wie Orchideen oder aber auch die sehr bizarren atmosphärisch wachsenden Tillandsien zurückgreifen. Beide Pflanzengruppen gedeihen am besten aufgebunden an den Seitenwänden oder auf sogenannten Epiphytenstämmen. Bei einigen Arten reicht es, die Wurzeln einfach vorsichtig mit Draht im Kork festzustecken. Bei anderen muß man die Wurzeln erst in Sphagnum oder Ähnlichem betten und kann sie dann in eine Astgabel pressen, oder auch mit durchsichtigem Nylonband aufbinden bzw. wieder mit Draht feststecken.

Je umfangreicher die Bepflanzung ist, desto größer ist auch der Zeitaufwand für ihre Pflege. Auch für eine ausreichende Belichtung ist zu sorgen. Der ideale Stellplatz ist daher immer der hellste Platz im Terrarium, denn bei Lichtunterversorgung bekommen die Pflanzen lange und dünne Triebe, die leicht abbrechen und unvorteilhaft aussehen. Wer mit den Dendrobatiden gemeinsam schöne Pflanzen pflegen will, sollte sich unbedingt entsprechende Spezialliteratur besorgen. Nie vergessen darf man, die Pflanzen vor dem Einsetzen ins Terrarium gründlich abzuwaschen, um sie von allen Spritzmittelrückständen zu befreien.

Terrarientechnik

Heutzutage gibt es eine ganze Reihe technischer Geräte, ohne die das Betreiben eines Terrariums oder einer Terrarienanlage undenkbar wäre. Als erstes zu nennen wären die Zeitschaltuhren, die das Licht zur gewünschten Zeit an- und ausstellen, die Heizung einschalten und ggf. die Sprüh- oder Nebelanlage steuern. Mit ihrer Hilfe erhält man eine für das Wohlbefinden der Dendrobatiden sehr wichtige Art von Regelmäßigkeit der Tagesabläufe.

Aber auch die notwendigen Schwankungen im Jahresablauf, insbesondere Regenzeiten, lassen sich so wesentlich leichter imitieren.

Da die Pfeilgiftfrösche zu den wechselwarmen Tieren gehören, stellt die Umgebungstemperatur eine der wichtigsten Bedingungen im Terrarium dar. Viele Dendrobatidenarten benötigen Temperaturen, die etwas über den üblichen Zimmertemperaturen liegen. Für diese Arten muß das Terrarium zumindest am Tage beheizt werden. Viele Arten, aber auch besonders die Jungtiere vertragen keine zu starke Nachtabsenkung, so daß Terrarien in kühlen Räumen während der Nacht oder sogar während des ganzen Tages beheizt werden müssen. Es empfiehlt sich deshalb immer, vor dem Besatz eines Terrariums mit Tieren die Temperaturen über einige Tagesabläufe zu messen und gegebenenfalls die Bedingungen zu optimieren.

Zum Erwärmen des Behälters gibt es unterschiedliche Möglichkeiten. Am einfachsten ist es, ein Heizkabel unter dem Terrarium zu verlegen. Dabei muß man nur darauf achten, daß der schwere Glaskasten nicht direkt auf dem Heizkabel aufliegt, da er dieses sonst durch sein enormes Gewicht beschädigen könnte. Sicherer ist es da schon, das Terrarium auf eine Heizfolie zu stellen. Leider lassen sich derartige Geräte nicht regeln, so daß man die Wärmezufuhr über die Wattzahl des Heizgerätes oder die Heizdauer steuern muß. Dienen als Beleuchtung mit herkömmlichen Vorschaltgeräten betriebene Leuchtstoffröhren, so kann man die Vorschaltgeräte als Heizung unter dem Terrarium installieren, da sie eine enorme Wärme abgeben. Der größte Vorteil bei der Erwärmung eines Glasbeckens von unten liegt in der durch sie erzielten hohen relativen Luftfeuchtigkeit, die für das Wohlbefinden der meisten Pfeilgiftfroscharten sehr von Vorteil ist.

Als weitere Möglichkeit, ein Terrarium zu erwärmen, kämen kleine Strahler in Betracht, die über dem Terrarium angebracht werden. Da die Frösche aber keine Strahlungswärme aufnehmen, im Gegenteil, zahlreiche Arten sie sogar meiden, verwendet man sie nur, wenn auch noch andere Tiere, z. B. Reptilienarten, mit in dem Behälter gepflegt werden.

Ein schwieriges Problem, vor allem im Sommer, ist der Schutz vor Überhitzung. Inzwischen sind neuartige Zeitschaltuhren bei großen Elektroversandhäusern erhältlich, die neben der üblichen Zeitschaltung auch einen Temperaturfühler haben. Sobald die eingespeicherte Temperatur überschritten ist, schalten sich sämtliche daran angeschlossenen Geräte aus. Auf diese Weise kann man zumindest verhindern, daß die Temperaturen durch die Heizung, Beleuchtung usw. im Terrarium weiter ansteigen.

Obwohl die meisten Dendrobatidenarten im Halbdunkeln am Boden der Regenwälder leben, benötigen sie eine gewisse Lichtmenge, z. B. um ihre Beute fixieren und sicher zuschnappen zu können. Messungen in Biotopen der Pfeilgiftfrösche ergaben Lichtstärken von 1000 bis 10 000 Lux. Dies ist gar nicht so wenig. Zum Vergleich: eine 40-W-Glühlampe hat in einem Meter Entfernung noch eine Beleuchtungsstärke von 35 Lux. Angesichts dieser Zahlen dürfte es jedem klar sein, daß auch Urwaldbewohner eine hervorragende Beleuchtung benötigen. Aber nicht nur für die Tiere ist eine ausreichende Beleuchtung notwendig, vielmehr stellen die Dendrobatenbecken ja oft auch von ihrer Bepflanzung her Schauterrarien dar, die ebenfalls eine ausreichende Beleuchtung benötigen. Am geeignetsten sind Leuchtstoffröhren, weil sie ein diffuses Licht, ähnlich wie die Lichtverhältnisse am Urwaldboden abgeben. Es gibt heute sehr leistungsstarke Leuchtstoffröhren-Serien, die das gesamte Farbspektrum ähnlich wie das Sonnenlicht abdecken. Auch läßt sich durch die Kombination unterschiedlicher Lichtfarben (z. B. 1 Röhre Warmton kombiniert mit 2 Röhren Tageslicht) ein für das menschliche Auge sehr angenehm und nicht künstlich ausschauendes Licht erzeugen. Ferner sehr schöne Effekte erzielt man in großen Terrarien mit kleinen Coolspot-Halogenstrahlern (geringe Wattzahl und kleiner Abstrahlungswinkel), die über dem Terrarium angebracht werden und ein Licht erzeugen, welches an Sonnenstrahlen erinnert, die durch das Blätterdach des Urwalds dringen.

Die Lichtausbeute läßt sich durch den Einsatz von hochwertigen Reflektoren, die über die Leuchtstoffröhre gelegt werden, um bis zu 40 % erhöhen. Ebenfalls eine

Menge Energie einsparen kann man durch das Verwenden von elektrostatischen Vorschaltgeräten, die aber kaum noch Wärme erzeugen. Die hohen Anschaffungskosten hat man durch die Energieeinsparung nach kurzer Zeit wieder heraus. Nicht vergessen darf man, daß alle Leuchtstoffröhren sich mit der Zeit aufbrauchen und somit regelmäßig erneuert werden müssen. Als Faustregel gilt: einmal im Jahr alle Röhren auswechseln und als Sondermüll entsorgen.

Die Beleuchtungsdauer sollte täglich zwischen 12 und 14 Stunden betragen und somit in etwa den natürlichen Verhältnissen entsprechen.

Bei all den genannten elektrischen Anlagen ist zu beachten, daß die Installation aus Sicherheitsgründen nur von einem Fachmann oder unter seiner Anleitung durchgeführt werden darf – Herstellerhinweise und VDE- bzw. entsprechende Prüfzeichen sind zu beachten; der Zugang für Unbefugte ist zu verhindern.

Sprüh- und Nebelanlage

Wer nur ein Terrarium zu versorgen hat, kann dieses leicht von Hand mit Hilfe einer Garten- oder Pflanzenspritze täglich übersprühen. Was aber, wenn der Urlaub naht oder man mehrere Terrarien zu versorgen hat? Dann lohnt sich vor allem der Einsatz einer vollautomatischen Sprühanlage.

Sie birgt aber noch eine ganze Reihe weiterer Vorteile. So lassen sich mit ihr leicht Regenzeiten imitieren, und auch sie schaffen wieder eine für die Tiere sehr vorteilhafte Art von Regelmäßigkeit. Außerdem bleibt dem Pfleger genügend Zeit zum Beobachten seiner Frösche.

In den letzten Jahren haben sich zwei Modelle durchgesetzt. Einmal eine selbstgebaute, und zum anderen das Gardena-Multi-Drop-System. Beide Systeme haben ihre Vor- und Nachteile und sollen hier kurz einmal beschrieben werden. Diese Vorstellungen sind nur kurze Beschreibungen, keine Bauanleitungen!

Der Einbau ist aber nicht unbedingt in jeder Wohnung möglich und muß von einem Fachmann ausgeführt werden. Beide Systeme haben ihre Tücken, und der Hersteller von Gardena weist sogar ausdrücklich darauf hin, daß sein System nur im Freien verwendet werden soll. Von daher sollte man den Einbau nur im Wohneigentum oder im Keller wagen.

Um die Anschaffung aufwendiger Pumpen und Tanks zu vermeiden, betreibt man die Sprühanlage am einfachsten mit dem normalen Wasserleitungsdruck. An die Wasserleitung werden ein Teilchenfilter sowie ein Druckpuffer, der den Leitungsdruck beim Öffnen der Leitung abfängt, und dann hintereinander zwei Magnetventile, wie sie z. B. in Waschmaschinen verwendet werden, angeschlossen. Zwei Magnetventile sind unerläßlich, damit immer noch eines schließt, auch wenn sich das andere einmal festgesetzt bzw. sich ein Teilchen darin verfangen hat. Die Magnetventile kann man nun mit Hilfe einer digitalen Zeitschaltuhr oder von Hand schalten. Aber auch hier gilt wieder doppelte Sicherheit, so schaltet man hinter die Zeitschaltuhr noch ein Hausbeleuchtungsrelais, welches den Stromfluß unterbricht, auch wenn die Zeitschaltuhr versagt. Mit seiner Hilfe lassen sich auch kürzere Sprühzeiten von nur einigen wenigen Sekunden einstellen. In die Terrarien klebt man nun handelsübliche Wassersprühdüsen, wie z. B. Ersatzdüsen für „Gloria"-Gartenspritzen, die über ein Schlauchsystem an das Magnetventil angeschlossen werden.

Die zweite Möglichkeit, sich eine vollautomatische Sprühanlage zu bauen, bieten die Gardena-Bewässerungssysteme und hier besonders das Multi-Drop-System. Auch diese Sprühanlage arbeitet wieder mit dem enormen Leitungsdruck. Deshalb schließt man zuerst einen Feinfilter und danach einen Druckpuffer an die Leitung. Erst dann schließt man zur Steuerung der Sprühanlage den Gardena-Bewässerungscomputer mit integriertem Magnetventil und Zeitschaltuhr an. Der größte Vorteil dieses Systems liegt in der Vielfalt der Düsen und in ihrer einfachen Verlegbarkeit. So wird das Wasser in fest verlegbaren Plastikrohren bis zur Düse transportiert, die durch Kupplungen beliebig miteinander verbunden werden können.

Die Düsen kann man nun einfach (lt. Herstelleranleitung) in das Rohr stecken, welches aber leider dann meist nicht dicht ist. Deshalb sollten auch sie immer durch Kupplungen mit der Leitung verbunden sein.

Bei beiden Sprühanlagen darf man aber nicht vergessen, daß alle Terrarien mit einem nicht zu dünnen Abfluß ausgestattet sein müssen. Dafür läßt man in den Terrarienboden eine etwa 10 bis 27 mm Durchmesser große Bohrung anbringen, in die man entweder eine Schraubmuffe oder aber einen einseitig verschraubbaren Abfluß aus Plastik (z. B. im Caravanzubehörhandel erhältlich für Wohnwagenwaschbecken) einklebt. Daran schließt man ein dichtes Schlauchsystem, welches das Wasser direkt in ein Abflußrohr leitet. Auch muß der Abfluß im Terrarium gut durch Filterwatte oder Ähnliches gegen ein Eindringen von Einrichtungsgegenständen und Tieren gesichert sein.

Ein viel diskutiertes Problem dabei ist die Wassertemperatur. Vielen erscheint die Temperatur des Wassers direkt aus der Leitung, besonders im Winter, unnatürlich niedrig für die Dendrobatiden zu sein. Wer also für einen warmen „Niederschlag" sorgen will, sollte im Terrarienzimmer unter der Decke einige Meter Kupferrohr oder Druckschlauch verlegen, wo sich das Wasser schon auf Zimmertemperatur erwärmen kann. Nicht vergessen darf man, sich eine Möglichkeit zu lassen, diese Erwärmungsmöglichkeit im Sommer abzuklemmen, da das Wasser dann sich dort viel zu stark erwärmen kann.

Wie man leicht erkennt, erfordert der Einbau einer Sprühanlage eine gewisse planerische Vorarbeit, bei der die unterschiedlichsten Gesichtspunkte bedacht sein wollen.

Erst in der letzten Zeit werden immer öfter Ultraschallluftbefeuchter als Nebelanlagen zur Terrarienbefeuchtung oder aber auch einfach nur zur Steigerung der relativen Luftfeuchtigkeit in den Terrarien eingesetzt. Nicht geeignet sind derartige Anlagen zum Beregnen der Terrarien, da die austretende Wassermenge viel zu gering ist. In der Regel sind die Nebelanla-gen wesentlich betriebssicherer als Sprühanlagen, da sie nicht mit dem enormen Leitungsdruck arbeiten und die Terrarien nicht mit einem Abfluß ausgestattet sein müssen. Deshalb können sie auch in jeder Wohnung eingebaut werden. Für die Dendrobatenpflege weisen sie wesentliche Vorteile auf. So reagieren die Tiere viel schneller und viel stärker auf die 100%ige relative Luftfeuchtigkeit als auf ein Überbrausen des Terrariums.

Es ist immer wieder ein besonderes Schauspiel, wenn sich die Terrarien, besonders größere dekorativ bepflanzte Schaubecken oder Paludarien, langsam mit Nebel füllen und dieser sich dann innerhalb von etwa 30 Minuten an den Pflanzen oder der übrigen Einrichtung langsam niederschlägt bis das Terrarium wieder klar ist. Fast alle Pfeilgiftfrösche verlassen währenddessen ihre Verstecke und sind sehr aktiv. So beginnen die Männchen häufig sofort zu rufen und um die Weibchen zu werben.

Für eine Nebelanlage benötigt man einen der überall im Handel erhältlichen Ultraschallluftbefeuchter. Beim Kauf sollte man darauf achten, daß er einen Entkalker enthält. Die meisten anderen Geräte dürfen nur mit destilliertem Wasser betrieben werden. Auch sollte der Tank so gewählt sein, daß der Wasservorrat für über eine Woche reicht. Ideal sind daher Geräte mit einem 10-l-Tank. An die Öffnung, aus der der Wasserdampf austritt, wird ein Rohrsystem angeschlossen. Dabei müssen die Rohre, die den Dampf vom Gerät bis zu den Terrarien führen, einen Durchmesser von mindestens 60 mm aufweisen. An dieses Rohr schließt man dünnere Rohre (Durchmesser ca. 30 mm) an. Dabei darf der Leitungsweg nicht zu lang sein. Die Rohre müssen im Terrarium enden und mit einem sehr groben Gewebe (Maschenweite ca. 5 mm) gegen ein Eindringen von Fröschen gesichert sein. Ebenfalls sehr wichtig ist es, daß die gesamte Rohrleitung ein leichtes Gefälle aufweist und somit das in den Rohren kondensierte Wasser ins Gerät oder ins Terrarium zurücklaufen kann.

Mit einer Nebelanlage lassen sich etwa je nach Leistungsstärke des Luftbefeuchters

4 bis 8 Normalterrarien betreiben. Da der Wasseraustritt sehr gering ist, darf man nicht vergessen, noch zusätzlich zu sprühen und die Pflanzen zu gießen.

Über die Ernährung

Jeder Liebhaber, der beabsichtigt, Dendrobatiden zu pflegen, sollte zuerst über deren Ernährung nachdenken, denn Pfeilgiftfrösche fressen nur lebende Futtertiere. Der eigentliche Freßreiz wird durch die Bewegungen der Insekten ausgelöst. So wird die Beute immer erst mit den Augen fixiert und dann mit der Zunge ergriffen. Dabei kann man deutlich Schnappgeräusche vernehmen.

Wer einmal im natürlichen Lebensraum der Pfeilgiftfrösche nach Futtertieren gesucht hat, wird schnell festgestellt haben, daß das Angebot und die Vielfalt dort nahezu unbegrenzt sind. So leben in ihrem Lebensraum die verschiedensten Arten an Würmern, Raupen, Ameisen, Fliegen, Blattläusen, Springschwänzen, kleinen Motten, Milben usw. Da leuchtet es leicht ein, daß niemand seine Frösche bei „Drosophila und Wasser" pflegen kann. Auch eine abwechslungsreiche Ernährung im Terrarium ist recht einseitig, verglichen mit dem riesigen Angebot in der Natur. Daher ist man gezwungen, das Futter künstlich aufzuwerten.

Gerade zu dem Thema, der Versorgung mit Vitaminen, Mineralstoffen und Aminosäuren, gibt es ebenso viele Meinungen wie Terrarianer. Während früher die Diskussion sich immer nur um Vitamine und Mineralstoffe drehte, zeigten Untersuchungen von BIRKHAHN, 1991, deutlich, daß die Aminosäuren mindestens eine ebenso wichtige Rolle spielen.

Die beste Lösung für die Dendrobatiden wäre noch das Verfüttern von Wiesenplankton (Insektenausbeute, die man durch das Abkeschern von Wiesen erhält). Man sollte heute jedoch aus Naturschutzgründen und wegen der häufig unterschätzten Gefahr einer Herbizid- oder Insektizidbelastung darauf verzichten. Auch keine Lösung bieten die hin und wieder angebotenen „Nahrungsaufwertungsangebote" in Form von Ameisenarten etc. Zwar sind diese tropischen Arten häufig gut halt- und vermehrbar, aber leider bleiben sie nicht im Terrarium, sondern besiedeln recht schnell das ganze Haus. Außerdem stellen sie anderen Futtertieren und auch den Gelegen der Pfeilgiftfrösche nach, während sie umgekehrt meist nur in den seltensten Fällen von den Fröschen gefressen werden.

Das beste Präparat zur Zeit ist Korvimin ZVT (erhältlich beim Tierarzt und in der Apotheke, hergestellt von der Wirtschaftsgenossenschaft deutscher Tierärzte eG, Siemensstraße 14, Garbsen), ein sehr gehaltvolles Vitamin-Mineralstoff-Aminosäuren-Gemisch, das sich auch bei Arten mit hohem Vitamin-Bedarf bewährt hat. Mit diesem Präparat muß immer das gesamte Futter eingestäubt werden (siehe Hinweise im Kapitel Aufzucht). Wer die Möglichkeit hat, sich sein Präparat selbst zu mischen, der findet eine geeignete Rezeptur bei BIRKHAHN, 1991.

Wir haben folgende Futtertabelle erstellt, die die Futtertiere in Größengruppen einteilt. Später bei den Artenbeschreibungen greifen wir auf diese Tabelle zurück.

Futtertabelle:

A Springschwänze
B Milben
C Blattläuse
D Kleine Drosophila
E Große Drosophila
F Mehlmotten und deren Raupen
G Kleine Wachsmotte und deren Raupen
H Große Wachsmotte und deren Raupen
I Stubenfliegen
J Kleine Heimchen/Grillen
K Mittlere Heimchen/Grillen

Die Futterarten A bis E stellen mögliches Aufzuchtfutter dar, natürlich artabhängig. Alle Jungtiere fressen in der Regel sofort Springschwänze und kleine Drosophila, es gibt aber auch Arten, wie *Dendrobates reticulatus,* die selbst als adulte Tiere fast ausschließlich kleine Drosophila und Springschwänze fressen. Andere Arten, wie *Phobobates bassleri,* fressen selbst ausgewachsene Heimchen. Aber andere große Arten, wie z. B. *Dendrobates azureus,* sind auf kleines Futter spezialisiert, sie fressen am liebsten Springschwänze und andere kleine Futtertiere bis zu einer maximalen Größe wie etwa die Große Fruchtfliege. Auffallend ist die Vorliebe aller Dendrobatidae für helle Futtertiere.

So bleibt die Frage: Woher erhält man sein Futter und welche Futterzuchten sind mit einem normalen Arbeitsaufwand und einer nur mäßigen Belästigung der übrigen Familienmitglieder betreibbar? Wir wollen im Anschluß an diesen Abschnitt 4 Kurzfassungen von Zuchtanleitungen für unterschiedliche Futtertiere vorstellen.

Weitergehende und ausführliche Anleitungen wurden bereits so oft veröffentlicht, daß wir darauf verzichten. Wir können jedoch jedem Interessierten das Buch von FRIEDERICH/VOLLAND, 1981, empfehlen.

Einige Dinge wollen wir noch kurz zu den Futterzuchten erwähnen. Woher bekommt man seinen Zuchtansatz? Ansätze sind im Zoofachhandel und bei entsprechenden Züchtern (Adressen finden sich in Fachzeitschriften wie DATZ, herpetofauna, Rundbrief der DGHT und der Sauria) erhältlich. Eine zuverlässige Quelle für Drosophilazuchtansätze, aber auch für Drosophila-Abos ist: Manfred Salewski, Dorotheenstraße 126, Dinslaken.

Alle Futterzuchten verursachen einen gewissen regelmäßigen Arbeitsaufwand, der nicht unterschätzt werden sollte. Auch beeinträchtigen sie die Wohnqualität, z. B. durch, wenn auch geringe, Geruchs- oder Lärmbelästigung oder durch den leider immer wieder auftretenden Milbenbefall. Betreibt man seine Futterzuchten in seinem Eigentum, so wird einem wohl kaum einer Vorschriften machen. Anders ist dies in der Mietwohnung. Selbst das Heimchen gilt allgemein als Hausschädling, was beträchtliche Folgen (Kammerjäger usw.) haben kann. Es empfiehlt sich deshalb, seine Futterzuchten nicht für jedermann wahrnehmbar in der Wohnung unterzubringen, da auch die Rechtsprechung immer weiter einschneidende Urteile gegen die Tierhaltung erläßt.

Kurze Zuchtanleitungen der wichtigsten Futtertiere

Springschwänze (Collembolen)

Zur Zucht eignen sich dicht schließende Plastikdosen mit einem Volumen ab etwa 0,5 l. Zwei verschiedene Springschwanzarten werden hauptsächlich gezüchtet. Einmal eine weiße Art, die sich am besten bei Temperaturen von 10 bis 18 °C vermehrt, und zum anderen eine graue Art, die Temperaturen von 18 bis 23 °C benötigt. Die Entscheidung für eine Art sollte man nach dem vorhandenen Aufstellort der Zuchtbehälter treffen. So gedeihen die weißen Springschwänze am besten in kühlen Kellern und die grauen in der Wohnung.

Die Springschwanzzuchtbehälter werden einfach mit immer feucht zu haltenden Torfbrocken gefüllt. Auf dieses Substrat gibt man nun eine nicht zu geringe Anzahl von Springschwänzen als Zuchtansatz. Ein- bis zweimal in der Woche werden alle Dosen kontrolliert, dabei wird sowohl für eine ausreichende Frischluftzufuhr gesorgt und ggf. neues Futter hineingegeben. Als Nahrung dient Zierfischfutter wie Tetra-Min etc., das einfach auf das Substrat gestreut wird, und zwar nur so viel, wie die Springschwänze bis zur nächsten Fütterung fressen. Etwa nach 8 bis 10 Wochen kann man mit dem Verfüttern beginnen. Dafür werden die Futtertiere einfach vorsichtig aus dem Behälter herausgeschüttelt. Da man nicht täglich eine Portion aus einem Zuchtbehälter entnehmen kann, sollte man sich immer eine große Anzahl an Zuchten anlegen.

Kleine und große flugunfähige Fruchtfliege (*Drosophila melanogaster* und *D. hydei*)

Die Vorzugstemperaturen für die kleine stummelflüglige *Drosophila melanogaster* liegt etwa bei 22 °C. Unter diesen Bedingungen benötigt sie etwa 20 Tage für die gesamte Entwicklung. Die große stummelflüglige Fruchtfliege benötigt bei Temperaturen von 24 °C etwa 35 Tage für die gesamte Entwicklung.

Zur Zucht eignen sich Gläser ab 0,5 l Volumen. Für den Futterbrei gibt es unzählige Rezepte. Sehr gute Resultate erzielt man mit dem folgenden Brei:

Etwa 1,5 l Wasser werden zum Kochen gebracht. Dort hinein werden 500 g Vollkornhaferflocken, 150 g Gelierzucker, 5 Eßlöffel Essig und 1 Messerspitze Nipagin eingerührt. Das ganze muß dann einige Zeit abkühlen, bevor man etwa 5 große pürierte Bananen unterzieht.

Der Futterbrei wird in die Zuchtbehälter etwa 4 cm hoch eingefüllt. Direkt auf die Oberfläche gibt man etwas Holzwolle und dann einen Zuchtansatz bestehend aus etwa 100 Tieren. Die Dosen oder Gläser müssen anschließend mit luftdurchlässigem Stoff dicht verschlossen werden.

Entnommen werden die Drosophila durch einfaches Herausschütteln aus dem Behälter in ein hohes Gefäß. Dort werden sie, bevor sie ins Terrarium gegeben werden, noch mit Korvimin ZVT gut eingestäubt (siehe Hinweis im Kapitel Aufzucht).

Heimchen (Acheta domesticus)

Als Behälter eignen sich alle Arten von größeren und hochwandigen Glas- und Plastikaquarien, die mit einem Deckel dicht verschlossen werden können. Die Behälter müssen jedoch ausreichend belüftet werden. Während der ganzen Entwicklung sollten die Temperaturen etwa bei 26 bis 28 °C liegen.

Die Einrichtung sollte aus einigen aufgestapelten Eierkartons, einem Eiablagebehälter und einer Trinkflasche oder Ähnlichem bestehen. Als Eiablagebehälter verwendet man eine etwa L 10 × T 10 × H 5 cm große Plastikdose, die bis zum Rand mit einem geeigneten und immer feucht zu haltenden Substrat gefüllt und mit einem Deckel dicht verschlossen wird. In den Deckel wird ein grobes Metallgewebe, Maschenweite 2 bis 4 mm, eingeschweißt, durch das die Weibchen ihren Legestachel stecken und so ihre Eier im Substrat ablegen können. Als Substrat eignen sich die unterschiedlichsten Materialien wie z. B. Sand-Torf-Gemisch. Für die Dendrobatenhaltung werden hauptsächlich kleine Heimchen benötigt. Daher nimmt man nach ca. 10 bis 14 Tagen den Eiablagebehälter aus dem Zuchtbehälter

heraus und läßt die kleinen Heimchen in einem separaten Plastikbecken schlüpfen. Auf diese Weise hat man sofort das Futter nach Größen sortiert, was ein Verfüttern erheblich vereinfacht.

Für einen kleinen Zuchtansatz benötigt man etwa 100 Tiere. Gefüttert werden die Insekten mit Hundeflocken oder mit verschiedenen Pellets, wie z. B. Hühner- oder Kaninchenfutter. Um den Wasserbedarf zu decken, füttert man etwa zweimal in der Woche Feuchtfutter. Zusätzlich stellt man immer eine Tränke, z. B. eine Vogeltränke, deren Öffnung mit Watte verschlossen wird, hinein. Verfüttert werden die Heimchen, indem man sie vorsichtig aus den Eierkartons in eine hochwandige Plastikdose schüttelt, dort gut mit Korvimin ZVT einstäubt (siehe Hinweis im Kapitel Aufzucht) und dann ins Terrarium gibt.

Kleine und Große Wachsmotte (Achroea grisella und Galleria mellonella)

Geeignet sind Blech- oder Imkereimer sowie andere Gefäße aus Hartplastik. Für eine gut sortierte Zucht verwendet man nicht einen großen Eimer oder Ähnliches, sondern Gläser mit einem Volumen von ca. einem Liter. Die Gläser werden mit einem Deckel, in den eine sehr feine Metallgaze (wie sie z. B. für Öl- oder Benzinfilter verwendet werden) zur Belüftung geklebt wird, verschlossen. Die Zucht gedeiht am besten bei Temperaturen von 26 bis 28 °C. In die Gläser wird ca. 4 cm hoch das Futtersubstrat eingeführt. Dort hinein wird etwas zusammengerollte Wellpappe gedrückt und anschließend ca. 30 bis 40 Motten als Ansatz hineingegeben.

Ernährt werden die Raupen mit alten Bienenwaben oder mit Kunstfutter. Für ein geeignetes Zuchtsubstrat gibt es zahlreiche Anleitungen, von denen sich das folgende Rezept nach FRIEDERICH/VOLLAND, 1991, besonders bewährt hat. Das Futter wird aus folgenden Materialien hergestellt:

500 g Honig
500 g Glycerin (es reicht 85%iges)
100 g Hefeflocken
200 g Magermilchpulver

400 g Vollkornhaferflocken
200 g Soja- oder Maismehl
200 g Kleie

Die einzelnen Bestandteile sind in der Apotheke, in Reformhäusern oder im Viehfutterhandel erhältlich.

Beim Zusammenmischen der Bestandteile geht man wie folgt vor: Erst wird der Honig und das Glycerin zu einer homogenen Flüssigkeit verrührt, unter die dann die bereits vermischten festen Bestandteile nach und nach untergehoben werden. Wenn alles gleichmäßig verrührt wurde, füllt man den Teig etwa 4 bis 5 cm hoch in die Gläser und läßt ihn erst einmal 4 Tage offen stehen, damit die Trockensubstanzen die Feuchtigkeit vollständig aufnehmen können. Überschüssiges Futter läßt sich problemlos einfrieren.

Verfüttert werden sowohl die Raupen als auch die Motten, die aus dem Behälter herausgesucht werden müssen.

Krankheiten

Dies ist, wie so häufig in der Terraristik, wohl mit eines der schwierigsten Themen, da wir als Laien mit der richtigen Diagnose leicht überfordert sind und das Verabreichen von Präparaten schon fast unmöglich ist. Daher muß immer ein mit Amphibien erfahrener Tierarzt zu Rate gezogen werden. Diese sind selten und schwierig zu finden. Am besten fragt man bei erfahrenen Dendrobatidenpflegern nach, ob sie einen geeigneten Tierarzt kennen, oder aber in Zoos bzw. bei der DGHT AG Amphibien-und-Reptilien-Krankheiten (Kontaktadresse: Ingo Pauler, Im Sandgarten 4, 67157 Wachenheim).

Auch hier gilt wieder, einfacher als die Behandlung ist das Vermeiden von Krankheiten. An erster Stelle steht somit der Verzicht auf Wildfänge aus jeder Quelle, da früher auf diese Weise so mancher Terrarianer seinen gesamten Dendrobatidenbestand mit einer eingeschleppten Krankheit umgebracht hat. Wichtig ist bei jedem Neuzugang eine kurze Quarantäne, während der man möglichst auch – dies ist natürlich sehr schwierig – einige Kotproben untersuchen lassen sollte. Denn so

mancher gefährliche Wurmbefall läßt sich leicht durch tägliches Baden mit einem geeigneten Präparat (bei Tierarzt oder Untersuchungsstelle erfragen) behandeln. Auch muß man bei der Sterilisation des Quarantänebeckens oder des Terrariums aufpassen. Phenol- oder kerosolhaltige Mittel (z. B. Sagrotan), aber auch natürliche Stoffe wie Thymol oder Nelkenöl sind für Amphibien zum Teil hochgiftig. Bei der Anwendung derartiger Mittel müssen – ebenfalls natürlich den Menschen zuliebe – die Herstellerhinweise genau beachtet werden, und vor allem muß der Zugang für Unbefugte verhindert werden. Soweit möglich, ist es besser, von der Anwendung solcher Mittel ganz abzusehen und Einrichtung und Behälter durch Abkochen zu sterilisieren. Ebenso wichtig ist zur Vermeidung von Krankheiten natürlich eine ausgewogene Ernährung sowie eine tiergerechte Pflege.

Da es trotz aller Vorsicht einmal zu einer Erkrankung kommen kann, möchten wir Hinweise auf Literatur zu diesem Thema geben. Diese sollte man sich immer rechtzeitig beschaffen, da bei Eintritt der Erkrankung es bereits zu spät sein kann. An deutschsprachiger Literatur empfehlen sich das Werk von ISENBÜGEL & FRANK (1985), die Arbeiten von SCHULTE (1980) und von BEUTELSCHIESS & BEUTELSCHIESS (1991).

Arten- und Tierschutz

Wer sich mit Dendrobatiden beschäftigt, muß wissen, daß alle Pfeilgiftfrösche den verschiedenen Artenschutzgesetzen unterliegen. Als erste Schutzbestimmung wäre das Washingtoner Artenschutzübereinkommen (kurz WA) zu nennen, welches den internationalen Handel mit geschützten Tieren regelt. Aus der Familie der Dendrobatidae sind durch das WA und dort im Rang II die Gattungen *Dendrobates* und *Phyllobates* nach SILVERSTONE (1975; 1976) geschützt. Folglich sind alle aus ihrer hervorgegangenen Gattung mitgeschützt: *Allobates, Epidedobates, Minyobates* und *Phobobates*. In der Praxis bedeutet dies, daß diese Tiere nur mit einer CITES-Bescheinigung abgegeben werden dürfen, die vergleichbar mit einem „Personalausweis" für Tiere ist. Seit dem 1. 1. 1984 ist dies eine Formvorschrift, und jeder verantwortungsbewußte Terrarianer sollte sich deshalb nur Tiere mit den erforderlichen Papieren zulegen. Mit der CITES-Bescheinigung muß man die Dendrobatiden bei der zuständigen Behörde – je nach Bundesland verschieden – an- und abmelden. Nachzuchten und Tod der Tiere sind der zuständigen Behörde innerhalb von 4 Wochen anzuzeigen.

Das zweite Artenschutzgesetz, was die Pfeilgiftfroschhalter betrifft, ist die Bundesartenschutzverordnung (als Abkürzung: BArtSchV). In ihr werden zusätzlich zum WA weitere Arten geschützt. So enthält diese BArtSchV die gesamte Familie der Dendrobatidae. Das bedeutet, daß nun auch die Gattungen *Colostethus*, *Mannophryne*, *Nephelobates* und *Aromobates* geschützt sind.

Will man sich nun Pfeilfroscharten zulegen, die nur durch die BArtSchV geschützt sind – dies sind die Raketenfrösche –, so müssen die zu erwerbenden Tiere mit einer Ausnahmegenehmigung zur Vermarktung ausgestattet sein.

Für die Erteilung einer solchen Ausnahmegenehmigung sind wieder die Naturschutzbehörden zuständig. Die Vorschriften des An- und Abmeldens sind gleich den Vorschriften des WA, nur die Formvorschrift CITES fehlt.

Nachlesen kann man dies in den unten genannten Rechtsvorschriften, die man beim Bundesanzeiger-Verlag GmbH, Postfach 13 20, Bonn, beziehen kann.

Dies sind:

1. Erstes Gesetz zur Änderung des Bundesartenschutzgesetzes vom 10. 12. 1986, Bundesgesetzblatt, Teil I, Nr. 66, 2349–2360.

2. Die Verordnung zum Schutz wildlebender Tier- und Pflanzenarten vom 19. 12. 1986, Teil I, Nr. 7, 2702–2762.

3. Verordnung (EWG) Nr. 36 26/82 des Rates zur Anwendung des Übereinkommens über den internationalen Handel mit gefährdeten Arten freilebender Tiere und Pflanzen in der Gemeinschaft Nr. L 384 mit den jeweils gültigen Anhängen.

Da sich auch in Zukunft einiges ändern wird, wollen wir nicht genauer darauf eingehen. Jeder Dendrobatidenpfleger muß bei der zuständigen Behörde nachfragen, wie die genaue Handhabung aussehen soll, was im einzelnen ggf. zu beachten ist (Zuchtbücher etc.). Dies gilt natürlich ganz besonders für die Ein- und Ausfuhr.

Bleibt noch ein kurzer Ausflug in die Zukunft. Neben den Artenschutzgesetzen wird uns das Tierschutzgesetz immer mehr Auflagen für die artgerechte Haltung auferlegen. Dazu gehören die sogenannten Mindestanforderungen und der Befähigungsnachweis. Das erste wird wohl kein so großes Problem bereiten, da alle Liebhaber ihre Tiere natürlich immer möglichst artgerecht pflegen. Letzteres, der Befähigungsnachweis, ist eine Art Angelschein für die Terraristik, mit der jeder Pfleger seine Fachkunde nachweisen muß, und das dürfte wohl schon eher Probleme bereiten. Es bleibt abzuwarten, was in der Zukunft auf uns zukommt.

IV. Artenbeschreibungen

Im folgenden wollen wir die für die Terraristik wichtigsten Arten kurz vorstellen und Angaben zu ihrer Biologie, zur Haltung und Zucht machen, soweit die Fakten bekannt sind. Gleichzeitig versuchen wir einen möglichst umfassenden Überblick über diese Familie zu geben.

Dieser Teil soll selbständig als Nachschlagewerk nutzbar sein, lediglich die unterschiedlichen **Terrarientypen und die Futtertabelle** muß man **im allgemeinen Teil S. 41ff und S. 54 nachschlagen.** Die Geschlechtsunterschiede, die eigentlich Bestandteil der Beschreibung sind, haben wir bei den Größenangaben aufgeführt, da häufig nur diese einen Anhaltspunkt für das Bestimmen des Geschlechts darstellt.

Allobates (Epipedobates) femoralis
(BOULENGER, 1884)

(Früher *Phyllobates* oder *Dendrobates femoralis*)

Verbreitung und Lebensraum: Die Art besitzt ein sehr großes Verbreitungsgebiet. Bisher wurden Populationen in Ecuador,

Allobates (Epipedobates) femoralis.

Peru, Kolumbien, Brasilien und auf dem gesamten Guyana-Schild gefunden. Dort leben die Frösche sowohl in primären Regenwäldern als auch in verwilderten Sekundärwäldern bis in eine Höhe von 600 m. Die Temperaturen liegen am Tage bei 23 bis 28 °C und in der Nacht bei 18 bis 23 °C, die relative Luftfeuchtigkeit bei 80 bis 100 %. Es handelt sich um reine Bodenbewohner, die im Aussehen der Laubschicht der Wälder hervorragend angepaßt sind.

Größe und Geschlechtsunterschiede: Die Weibchen sind mit einer Größe von 33,5 mm ausgewachsen. Die Männchen bleiben geringfügig kleiner. Ein Durchschnittswert von 43 vermessenen Tieren ergab nach SILVERSTONE, 1976, 26,6 mm, wobei die Weibchen um 1,5 mm größer waren als die Männchen. Andere äußere Geschlechtsunterschiede sind nicht bekannt. Nur beim Rufen kann man die Männchen eindeutig erkennen.

Beschreibung: Die Tiere haben einen braunen Rücken und eine stark granulierte Haut. Ein gelber Streifen zieht sich von der Schnauze dorsolateral (seitlich am Rücken) bis zu den Hinterbeinen. Ein Oberlippenstrich setzt sich über die Vorderbeine hinweg am Bauch entlang bis zu den Hinterbeinen fort. Die Tiere besitzen orange gefärbte Oberarm- und Oberschenkelflecken. Die Farbtöne können je nach Population etwas heller oder dunkler sein.

Terrarium: Typ II und IV (s. S. 42, 44). Entsprechend dem natürlichen Lebensraum sollte der Boden immer mit einer höheren Schicht aus Waldlaub bedeckt sein.

Biologie, Haltung und Zucht: Die Männchen verteidigen ihre Reviere gegen Artgenossen durch Anspringen des Eindringlings und mit den üblichen Ringkämpfen. Auch im Terrarium bildet sich unter den Männchen eine Hierarchie aus.

Zur Fortpflanzung locken sie durch intensives Rufen ein laichbereites Weibchen herbei. Je nach Population und Vorkommen scheinen die Männchen in verschiedenen Frequenzen zu rufen (WEYGOLDT, 1980). Die aus 10 bis 36 Eiern bestehenden Gelege werden auf den am Boden liegenden Blättern abgelegt. Hierzu eignen sich vor allem Eichenblätter. Die Entwicklung der Eier dauert 15 bis 20 Tage. Danach nimmt das Männchen die Larven auf und trägt sie zum Wasser. Es kann vorkommen, daß die Kaulquappen einzeln oder auch zu mehreren gleichzeitig transportiert werden. Die Aufzucht erfolgt unter den üblichen Bedingungen. Die Larven können auch zusammen großgezogen werden. Bei großer Anzahl sollten sie jedoch auf verschiedene Behälter aufgeteilt werden. Die Entwicklung bis zum Frosch dauert 40 bis 50 Tage. Bereits nach 10 bis 12 Monaten sind die Tiere geschlechtsreif. Die Frösche führen auch im Terrarium eine sehr versteckte Lebensweise.

Futter: Tabelle A bis J; Aufzuchtfutter A-E (s. S. 54).

Die Frösche fressen sehr gerne Kleinstfutter, springen aber auch geschickt hinter Stubenfliegen her.

Colostethus brunneus COPE, 1887

Verbreitung und Lebensraum: Die Art besitzt ein sehr großes Verbreitungsgebiet. Es reicht von Brasilien über Kolumbien und Venezuela bis nach (Britisch) Guyana und Surinam. Dort leben sie in Regenwaldgebieten an Bachläufen entlang. Ihr Vorkommen erstreckt sich auf Höhenlagen von 0 bis 490 m. Die Temperaturen schwanken zwischen einer maximalen Tagestemperatur von 30 °C und einer minimalen Nachttemperatur von 18 °C. Die relative Luftfeuchtigkeit liegt immer bei 90 % und mehr. Die Tiere leben in inselartigen Populationen und weisen dort eine enorme Dichte auf (ENSINCK, mündl. Mitt.).

Größe und Geschlechtsunterschiede: Die Frösche erreichen eine Gesamtgröße von 23 mm. Die Weibchen sind wesentlich korpulenter als die Männchen.

Beschreibung: Die Färbung besteht aus einem hellen Braunton, wobei der hell gefärbte Bauch durch einen weißen Strich von den Seiten abgegrenzt wird. Teilweise zeigen die Tiere ein V auf dem Rücken als Zeichenmuster.

Terrarium: Typ III und IV. Im Gegensatz zu den meisten anderen Raketenfroscharten benötigt *Colostethus brunneus* kein bewegtes Wasser im Terrarium als Auslöser für das Fortpflanzungsverhalten. Da es sich um reine Bodenbewohner handelt, braucht das Terrarium auch nur eine geringe Höhe aufzuweisen. Die Einrichtung sollte aus einer Laubschicht, einigen kleinen Pflanzen und schwarzen Filmdosen bestehen.

Biologie, Haltung und Zucht: *Colostethus brunneus* weist nur eine geringe innerartliche Aggressivität auf. Revierverhalten zeigen die Frösche zumindest im Terrarium nicht. Sie können daher problemlos in einer kleinen Gruppe gemeinsam gepflegt werden. Auch eine Vergesellschaftung mit anderen Arten, insbesondere mit *Dendrobates tinctorius*, einer Art, mit der sie auch teilweise in der Natur im selben Biotop zusammenleben, ist daher möglich. Durch lautes Trällern (der Ruf klingt ähnlich dem von *Epipedobates tricolor*) locken die Männchen die laichbereiten Weibchen zu einer schwarzen Filmdose. Dort kommt es nach einer kurzen Zeit zur Eiablage. Die Gelege bestehen in der Regel aus 10 bis 12 Eiern, die vom Männchen heftig verteidigt werden. Selbst große Frösche wie *Dendrobates tinctorius*, die sich dem Gelege nähern, werden sofort angegriffen. Auch von dieser Art sollte das Gelege immer aus dem Terrarium entnommen und separat gezeitigt werden. Nach ca. 2 Wochen schlüpfen die Kaulquappen, und ca. 10 Wochen später gehen die frisch umgewandelten Jungtiere an Land. Ihre Aufzucht ist recht einfach, jedoch sollten sie nicht zu früh umgesetzt werden, da sie anfangs sehr streßempfindlich sind.

Futter: Tabelle A bis F, Aufzuchtfutter A bis D. Selbst die Raupen der Kleinen Wachsmotte werden von den Fröschen noch verschlungen.

Colostethus inguinalis COPE, 1868

Verbreitung und Lebensraum: Die Tiere findet man von Panama bis Kolumbien. Es sind Bewohner von Primärwäldern mit Bächen und kleinen Fließgewässern. Ihr Vorkommen erstreckt sich auf eine Höhe von 100 bis 850 m. Je nach Höhenlage liegt die Temperatur bei 24 bis 27 °C am Tage mit einer nächtlichen Abkühlung von 2 bis 3 °C.

Größe und Geschlechtsunterschiede: Die Weibchen erreichen eine Größe von 33 mm, während die Männchen mit 30 mm bereits ausgewachsen sind. Der dritte Finger der Männchens ist an der Kuppe leicht verbreitert, dies erkennt man leicht im Vergleich.

Beschreibung: Der Oberkörper zeigt verschiedene Brauntöne und setzt sich deutlich vom hellen Bauch ab. Die Tiere haben einen hellen kurzen Flankenstreifen. Auf den Oberschenkeln sind einige Querbänder vorhanden.

Terrarium: Typ III. Ein Wasserlauf sollte vorhanden sein. Manchmal reicht ein kleiner Zimmerspringbrunnen im Terrarium völlig aus. Es ist wichtig, daß eine Wasserbewegung stattfindet, da sie scheinbar den Auslöser für das Fortpflanzungsverhalten darstellt.

Biologie, Haltung und Zucht: Die Männchen hört man häufig an den Bachrändern oder auf Steinen im Bach sitzend rufen. Sie haben ein starkes Revierverhalten. Eindringlinge werden angesprungen, gedrückt und auch verfolgt. Bei Gefahr flüchten die Frösche ins Wasser. Es sollten nur in großen Terrarien mehrere Männchen gemeinsam gehalten werden. Die Weibchen tragen ihre aus bis zu 30 Larven bestehenden Gelege auf einmal zum Wasser. Paarungsverhalten, Brutpflege und Aufzucht der Kaulquappen ist ähnlich wie bei *Mannophryne herminae*. Die Jungfrösche gehen nach ca. 60 Tagen an Land. Die Wassertemperatur sollte bei 20 bis 25 °C liegen.

Futter: Tabelle A bis G, Aufzuchtfutter A bis D.

Colostethus palmatus
(BOULENGER, 1919)

Verbreitung und Lebensraum: Die Art kommt in Kolumbien bis in 2 200 m Höhe vor. Man findet sie im Bereich der Kordilleren.

LÜDDECKE, 1974, fand die Tiere an

△ *Colostethus brunneus.*   ▽ *Colostethus inguinalis.*

Colostethus palmatus.

Berghängen in den Spalten zwischen den Felsen. Der ganze Bereich wird von herabfließendem Wasser ständig feucht gehalten. Der Felsbereich ist veralgt und bemoost sowie mit Pflanzen und Farnen bewachsen. An anderer Stelle findet man die Art an Wasser- und Entwässerungsgräben. Dabei kommt sie immer in einzelnen Populationen mit einer Ausdehnung von bis zu 200 Metern Länge entlang der Gewässer vor (vgl. LÜDDECKE, 1974 und 1993).

Größe und Geschlechtsunterschiede: Die Weibchen erreichen eine Größe von 28 bis 39 mm. Die Männchen bleiben mit 23 bis 27 mm etwas kleiner.

Beschreibung: Es handelt sich um recht unscheinbare Tiere, die ein dem Lebensraum angepaßtes braunes Zeichenmuster aufweisen.

Terrarium: Typ III. Für diese Art sind tiefe feuchte Höhlen sehr wichtig. LÜDDECKE, 1993, formte Höhlen aus Styropor und bekam dadurch unterschiedliche Vertiefungen, die auch unterschiedliche Feuchtigkeitsbereiche schufen. Mit Hilfe einer Pumpe oder eines Aquariumfilters läßt man an der Rückwand Wasser herunterlaufen, welches sich wieder im großen Wasserteil sammelt. Eine Bepflanzung der Rückwand mit Javamoos oder anderen Rankenpflanzen bringt den Tieren zusätzliche Versteckplätze.

Biologie, Haltung und Zucht: Die Art zeigt ein sehr stark ausgeprägtes Revierverhalten. Nicht nur die Männchen verteidigen ihre Reviere, sondern auch die Weibchen beanspruchen feste Wohnplätze. Hierbei bleibt es nicht nur bei den üblichen Drohgebärden, sondern die Tiere kämpfen durch Stoßen, Aufsitzen und Niederdrücken. Nur Männchen, die ein festes Revier besitzen, verpaaren sich mit einem Weibchen. Hierbei verlassen die Weibchen ihren Eigenbezirk, angelockt durch lautes Rufen der Männchen. Man unterscheidet drei verschiedene Ruftypen, die von den Tieren unterschiedlich angewendet werden. Die Paarung erfolgt in einer Röhre ohne Amplexus. Hier legt das Weibchen zwischen 16 und 31 Eier ab. Danach verläßt es den Ablageplatz. Nun bewacht das Männchen das Gelege und bleibt die meiste Zeit darüber sitzen. Artgenossen, die sich der Laichhöhle nähern, werden sofort angegriffen. Die Embryonalentwicklung kann bis zum Schlupf der Larven 12 bis 28 Tage dauern. Danach steigen die Kaulquappen auf den Rücken des Männchens. Dieses verbringt noch einige Zeit mit den Larven auf dem Rücken in der Höhle. Erst nach 2 bis 4 Tagen sucht das Männchen dann geeignete Wasseransammlungen auf. In Abständen von einigen Stunden bis zu einigen Tagen verlassen immer ein paar Larven den Rücken. Ca. 7 Tage nach dem Schlupf sind alle Kaulquappen im Wasser. Die Larven können zusammen aufgezogen werden, sollten aber bei großer Stückzahl auf mehrere Wasserbecken aufgeteilt werden. Gefüttert werden sie mit normalem Fischfutter, Kaninchenpellets etc. Die Aufzucht der Kaulquappen und später der Jungfrösche bereitet keine Probleme.

Futter: Tabelle A-G, Aufzuchtfutter A-D. Frisch geschlüpfte Heimchen und auch kleine Wachsmaden werden gerne von den Tieren gefressen.

Colostethus sauli (BOULENGER, 1894)

Verbreitung und Lebensraum: Die Tiere kommen aus Ecuador. Dort findet man sie sowohl im Flachland bis hinauf in mittlere Höhenlagen. Sie bewohnen ausschließlich den Uferbereich sowie die Geröllzone von Bächen in Waldgebieten. Der Temperaturbereich liegt bei 22 bis 26 °C mit einer geringen nächtlichen Abkühlung.

Größe und Geschlechtsunterschiede: Auch diese Art hat einen geschlechtsbezogenen Größenunterschied. Die Weibchen erreichen eine Größe von 25 bis 28 mm, und die Männchen bleiben geringfügig kleiner.

Beschreibung: Die Zehen sind mit deutlichen Haftscheiben versehen. Der Kopf ist rotbraun gefärbt. Die rote Farbe kann sich bis zum Rücken ausdehnen. Der übrige Körper ist grau bis blaugrau gefärbt

mit einigen dunklen Flecken und Strichen. Einige Querbänder können auf den Hinterbeinen vorhanden sein. Der Bauch und die Kehle weisen eine hellgraue Färbung auf.

Terrarium: Typ III und V. Ein Wasserbecken sollte von einem kleinen Wasserfall gespeist werden. Die Tiere sitzen sehr gerne auf großblättrigen Pflanzen. Versteckmöglichkeiten aus schwarzen Filmdosen und feuchten Steinspalten sollten vorhanden sein. Die Filmdosen kann man auch unter einer Laubschicht verstecken oder aber auch mit Torfbrocken sowie Korkstücken bekleben.

Biologie, Haltung und Zucht: In der Natur sitzen die Männchen sehr häufig auf Steinen im Wasser und rufen von dort. Bei einer Störung flüchten sie sofort kopfüber ins Wasser und tauchen erst einmal weg.

Wenn sich ein Weibchen einem rufenden Männchen nähert, fängt diese an zu zittern und zu tänzeln und färbt sich dunkel. Das Männchen lockt dann das Weibchen unter lautem Trällern zum Laichhäuschen. Dann verschwinden beide darin, und es kann einige Stunden dauern, bis das Weibchen die Eier abgelegt hat. Die Eiablage kann auch frei auf Blättern erfolgen. Bei SCHRÖDER (mündl. Mitt.) wurden immer 16 Eier abgelegt. Die Tiere nehmen während der Balz eine Amplexusstellung ein, hierbei springt das Männchen dem Weibchen auf den Rücken und hält es mit den Vorderbeinen an der Kehle fest. Danach bewässert das Männchen das Gelege. Nach ca. 12 Tagen nimmt es die Larven auf und transportiert sie zum Wasser. Die Aufzucht der Kaulquappen macht keine Schwierigkeiten. Gefüttert werden sie mit Fischfutter, Kaninchenpellets, Radieschenblätter etc. HESELHAUS, 1983, stellte fest, daß einige Larven bei der gemeinsamen Aufzucht im Wachstum zurückblieben. Er führte dieses auf Hemmstoffe der größeren Kaulquappen zurück, die das Wachstum von schwächeren Tieren behindern. Eine Übersetzung sollte daher vermieden werden. Häufiges Wasserwechseln ist für eine gleichmäßige Entwicklung der Kaulquappen sehr wichtig. Nach ca. 9 Monaten sind die Tiere geschlechtsreif.

Futter: Tabelle A bis E, Aufzuchtfutter A bis D.

Colostethus talamancae COPE, 1875

Verbreitung und Lebensraum: Man findet die Tiere von Costa Rica über Panama und Kolumbien bis nach Ecuador. Sie leben immer in der Nähe von fließendem Wasser in Höhenlagen von 0 bis 750 m. Je nach Höhenlage liegen die Temperaturen am Tage bei 24 bis 27 °C. Die relative Luftfeuchtigkeit schwankt zwischen 80 und 100 %. Die Frösche wurden von uns nur am Boden von Primärwäldern gefunden.

Größe und Geschlechtsunterschiede: Die Weibchen erreichen eine Körpergröße von 24 mm, und die Männchen sind bereits mit 22 mm ausgewachsen. Die Kehle der Männchen ist schwarz, und die der Weibchen weißgelb gefärbt.

Beschreibung: Die Frösche zeigen auf dem Rücken und an den Seiten eine braune Färbung. Der helle Bauch hebt sich deutlich von den Seiten ab. Ein dorsolateraler Streifen (seitlich am Rücken) zieht sich von der Schnauze über das Auge bis zum hinteren Rückenbereich.

Terrarium: Typ III. Die Tiere benötigen für ihr Wohlbefinden einige Versteckplätze am Boden. Hierfür sollte man z. B. unter einer alten Wurzel einige Hohlräume schaffen, in denen man auch Filmdosen unterbringen kann. Ferner sollte die gesamte Bodenfläche mit Laub bedeckt werden. Diese werden von den Tieren sehr gerne angenommen. Ein kleiner Wasserlauf oder ein Wasserfall muß immer vorhanden sein, da die Wasserbewegung als Auslöser für das Fortpflanzungsverhalten gilt.

Biologie, Haltung und Zucht: Es sind sehr schnelle Frösche, die in der Natur immer in die Laubschicht flüchten und dort unter Wurzeln und in Erdlöcher verschwinden. Nach einer Störung dauert es nicht allzulange, bis die Männchen wieder anfangen zu rufen. Die Eiablage erfolgt im Terrarium wie bei *Mannophryne herminae* angegeben.

Futter: Tabelle A bis G, Aufzuchtfutter A bis E.

Dendrobates auratus GIRAT, 1855

Goldbaumsteiger

Verbreitung und Lebensraum: Das Verbreitungsgebiet reicht vom südlichen Nicaragua bis zum Norden Kolumbiens. Darüber hinaus gibt es Populationen auf Tobago und auf Oahu (auf Hawaii, eingeschleppt). Man findet die Tiere in Höhen von 0 bis 800 m. Überwiegend halten sich die Frösche im Laub- und Wurzelbereich von Regenwäldern sowie Kakaoplantagen auf. Es sind Bodenbewohner, die gelegentlich auch klettern.

Größe und Geschlechtsunterschiede: Je nach Population erreichen die Tiere eine Größe von 25 bis 42 mm, wobei die Männchen in der Regel etwas kleiner bleiben. Die kleinste Form lebt auf der Insel Tobago. Es gibt kein sicheres Unterscheidungsmerkmal, außer daß die Weibchen etwas fülliger sind. Bei den Männchen können die Scheiben des 2., 3. und 4. Fingers vergrößert sein, darüber hinaus kann der Kopf etwas spitzer zulaufen.

Beschreibung: Es sind aus verschiedenen Populationen die unterschiedlichsten Farbzusammensetzungen bekannt geworden (BIRKHAHN, KÜLPMANN & WASSMANN, 1994). Die Grundfärbung ist meistens schwarz, sie kann aber auch braun oder bronzefarben sein. Der Rücken und die Beine sind mit dunkel- bis hellgrünen oder blaugrünen, teilweise sogar fast weißen bis hin zu silbergrauen Linien, Flecken und Bändern versehen. An der Westküste von Costa Rica gibt es auch fast schwarze Tiere mit geringen Grünanteilen.

Terrarium: Typ II und IV. Der Boden sollte mit Waldlaub bedeckt werden. Die Temperaturen können bei 24 bis 28 °C am Tage und nachts etwa 2 bis 3 °C darunter liegen.

Biologie, Haltung und Zucht: Es sind tagaktive Frösche, die häufig eine etwas versteckte Lebensweise führen. Die Männchen haben feste Reviere, in die sie nach Störungen oder Verfolgungen wieder zurückkehren.

Die Fortpflanzung erstreckt sich über das ganze Jahr. Die Rufe von *Dendrobates auratus* sind äußerst verhalten. Es hört sich an wie ein leises Schnarren. Ein paarungswilliges Weibchen verfolgt das rufende Männchen zu einem geeigneten Ablaichplatz. Dabei wurden sehr unterschiedliche Plätze gewählt. Während einige Tiere offene Plätze bevorzugen (z. B. glatte Bromelienblätter), werden von anderen versteckt liegende Plätze bevorzugt (zwischen Laub, in schwarzen Filmdosen, unter Blumen- oder Kokosnußschalen). Jedoch muß immer eine glatte Fläche vorhanden sein. Die Männchen kommen nach der Eiablage in regelmäßigen Abständen zurück, um die Gelege zu bewässern, die in der Regel aus 5 bis 10 Eiern bestehen. Nach ca. 15 Tagen bringen die Männchen immer nur 1 bis 3 Kaulquappen auf dem Rücken zu einer geeigneten Wasserstelle (z. B. ein Bromelientrichter).

Da die Kaulquappen stark kannibalistisch veranlagt sind, müssen sie getrennt in kleinen Behältern aufgezogen werden. Eine Wasserhöhe von 5 bis 6 cm sollte nicht überschritten werden. Regelmäßiger Wasserwechsel ist selbstverständlich (alle 2 bis 3 Tage je nach Wasserqualität).

Gefüttert werden die Larven mit allen handelsüblichen Fischfuttersorten. Darüber hinaus können auch Hundeflocken, tiefgefrorene Mückenlarven oder Tubifex (diese müssen aber sehr klein gehackt werden) verfüttert werden. Es sollte immer nur so viel angeboten werden, wie bei einer Mahlzeit gefressen wird. Es ist besser, öfter kleine Mengen zu verfüttern. Nur mit Fischfutter aufgezogene Kaulquappen unterscheiden sich nicht von denen, die andere Zusätze bekamen.

Die Entwicklung zum fertigen Frosch kann bis zu 100 Tage dauern. Die Aufzucht der Jungfrösche erfolgt gemeinsam in kleinen Aufzuchterrarien, die am Boden mit Torfplatten ausgelegt sind. Einige Versteckplätze kann man aus hohl liegenden Platten anbieten. Die Jungfrösche fressen sofort die kleine Drosophila. Diese werden vor dem Verfüttern mit Korvimin ZVT oder Calcipot D3 eingestäubt. Gebrauchsanweisungen beachten und vor Unbefugten sichern. Häufig spucken die Frösche die Fliegen im ersten Moment

Colostethus sauli.

△ *Colostethus talamancae.*

▽ *Dendrobates auratus.*

wieder aus, dann werden sie aber doch gefressen.

Nach ca. 8 bis 10 Monaten haben die Nachzuchten die Geschlechtsreife erreicht. Für die Zucht sollten nur äußerlich gesunde Tiere verwendet werden. Eine Zuchtgruppe kann aus einem Männchen mit zwei Weibchen oder aus zwei Männchen mit vier Weibchen gebildet werden. In Terrarien mit eine Grundfläche von 1 m^2 und einer dichten Bepflanzung können auch größere Gruppen gehalten werden.

Futter: Tabelle A bis G. Kleine Heimchen werden noch gefressen, jedoch bei größeren Wachsmaden haben die Tiere schon Schwierigkeiten.

Dendrobates azureus HOOGMOED, 1969

Verbreitung und Lebensraum: Diese Art besitzt ein sehr kleines Verbreitungsgebiet. Es liegt im äußersten Süden Surinams an der Grenze zu Brasilien und Französisch-Guyana. Hier leben sie in kleinen Regenwaldresten in der Sipaliwini-Savanne bei Nickeri in 315 bis 430 m Höhe. Die Tiere findet man nur im Wald an den Steinen die Bachläufe entlang. Die Temperatur ist dort niedriger als außerhalb, frühmorgens liegt sie bei 22 °C und steigt bis zum Nachmittag auf 27 °C an. Die relative Luftfeuchtigkeit am Boden liegt zwischen 80 und über 95 %.

Größe und Geschlechtsunterschiede: Die Weibchen erreichen eine Größe von 45 mm, wogegen die Männchen bereits mit 40 mm ausgewachsen sind. Als sicheres Unterscheidungsmerkmal dienen die Haftscheiben des 2., 3. und 4. Fingers, die bei ausgewachsenen Männchen etwa ⅓ größer sind als bei den Weibchen.

Beschreibung: Die Grundfärbung ist ein kräftiges Dunkelblau, welches auch an der Kehle und an den Gliedmaßen vorhanden ist. Vom Rücken her über die Flanken bis auf den Bauch hellt die Färbung stark auf. Der ganze Körper ist mit schwarzen Punkten und größeren Flecken versehen, die auch auf den Beinen vorhanden sein können. Es gibt aber auch Nachzuchttiere, die extrem hellblau bis graublau gefärbt sind.

Terrarium: Typ II und IV. Eine dichte Bepflanzung ist nicht unbedingt notwendig, es sollten aber einige Versteckmöglichkeiten vorhanden sein.

Biologie, Haltung und Zucht: Die Aktivitätszeit liegt in der Natur zwischen 8 und 18 Uhr (HOOGMOED, 1969). Während dieser Zeit sind die Tiere hauptsächlich mit der Futtersuche beschäftigt.

Magenuntersuchungen ergaben, daß sich die Frösche im wesentlichen von Springschwänzen (Collembolen) ernähren. Die Art sollte paarweise oder in einer Gruppe von einem Männchen mit zwei Weibchen gepflegt werden. Sinnvoll ist es, wenn man aus einer größeren Anzahl von halbwüchsigen Fröschen eine Gruppe zusammenstellen kann.

Als Ablaichplätze kommen auf eine Petrischale gestellte umgestülpte Kokosnußschalen oder Tonblumenschalen, die mit einer kleinen Öffnung versehen wurden, und schwarze Filmdosen in Betracht. Unter den Laichhäuschen können auch Eichenlaubblätter liegen.

Es ist sinnvoll, die Eier bereits einen Tag nach der Ablage aus dem Terrarium zu entfernen und gesondert zu zeitigen. Haben die Tiere in einer Petrischale abgelegt, so füllt man etwas Wasser ein (nur so viel, daß die Eier umspült sind). Dann deckt man die Petrischale mit einem Deckel zu und läßt sie bei 24 bis 26 °C stehen. Die geschlüpften Kaulquappen müssen einzeln in kleine Plastikschalen mit ca. 2 bis 3 cm hohem Wasserstand gesetzt werden. Mit Heranwachsen der Larven kann man den Wasserstand noch etwas erhöhen. Die Wassertemperatur sollte bei ca. 21 bis 24 °C liegen. Gefüttert werden die Kaulquappen mit allen herkömmlichen Fischfuttersorten, darüber hinaus mit aufgetauten Mückenlarven, Hundeflocken und kleingehackten Regenwürmern.

Nach ca. 90 Tagen sind die Vorderbeine durchgebrochen. Jetzt wird der Wasserstand auf ca. 2 cm abgesenkt, und es sollte ein Landteil vorhanden sein. Nach ungefähr 100 Tagen Entwicklungsdauer gehen die Jungfrösche an Land und können in ein Aufzuchtterrarium gesetzt werden.

Bereits 2 Tage später nehmen die Tiere das erste Futter (Springschwänze und kleine Drosophila) an. Bei guter Ernährung sind sie nach 1½ Jahren geschlechtsreif. Vorsicht bei der Vergesellschaftung mit anderen Arten aus der *Dendrobates-tinctorius*-Gruppe, es sind zahlreiche Kreuzungen bekannt geworden.

Futter: Tabelle A bis G, als Aufzuchtfutter A bis D. Die Frösche fressen viel lieber größere Mengen Springschwänze als wenige große Futtertiere. Größere Wachsmaden sowie mittlere Heimchen bereiten den Tieren Probleme und werden daher nicht gefressen.

Dendrobates fantasticus
BOULENGER, 1884

Verbreitung und Lebensraum: Die Art wurde bisher nur in den peruanischen Anden in der Provinz San Martin in einer Höhe von 500 bis 800 m gefunden. Hier bewohnen sie die höhere Baum-, Busch- und Krautvegetation des Primärwaldes. Aber auch in den Randgebieten, z. B. an Wegrändern und Kahlschlägen, findet man sie auf großen Blättern. Die Temperatur wird mit 20 bis 22 °C in den frühen Morgenstunden und 25 bis 27 °C in der Mittagszeit angegeben, je nach Höhenlage. Die relative Luftfeuchtigkeit lag im Januar bei 90 %.

Es handelt sich bei dieser Art um einen reinen Baumbewohner, der aber bei der Flucht auf den Boden springt und sich im Laub versteckt.

Größe und Geschlechtsunterschiede: Die Weibchen sind mit 25 mm ausgewachsen, während die Männchen nur ganz geringfügig kleiner bleiben. Darüber hinaus sind die Weibchen auch kräftiger gebaut.

Beschreibung: Die Grundfärbung ist dunkel, meist schwarz mit einer hellen weißlichen Netzzeichnung. Der Kopf ist gelb, orange bis rot abgesetzt. Auf dem Kopf befindet sich ein dunkler Fleck, der teilweise einem Schmetterling ähnelt.

Terrarium: Typ I. Es sind vorwiegend Bewohner der höheren Vegetation. Sie sollten daher in recht hohen Terrarien, deren Einrichtung einige Etagen aus bepflanzten Bromelien aufweist, gepflegt werden.

Biologie, Haltung und Zucht: Die Männchen rufen aus ihren Verstecken heraus. Dieses sind überwiegend die Blattachseln von Bromelien. Der Ruf ist sehr leise und bei starken Außengeräuschen schlecht zu hören.

Laichbereite Weibchen nähern sich dem Männchen bis auf Sichtkontakt. Auch bei dieser Art kommt es zu der schon bekannten Berührung, indem das Weibchen dem Männchen mit der Hand über den Rücken streicht. Ist eine passende Ablaichstelle gefunden, werden die 2 bis 5 Eier abgelegt. Das Gelege liegt frei auf den Bromelienblättern oder auch sehr häufig geschützt in einer schwarzen Filmdose. In unregelmäßigen Abständen wird es vom Männchen gewässert. Nach ca. 14 Tagen nimmt das Männchen die Kaulquappen einzeln auf und befördert sie in die Bromelientrichter. Es wird immer nur eine Kaulquappe pro Bromelientrichter abgesetzt. Sie sind sehr aggressiv untereinander und auch gegenüber anderen Larven. Man kann die Kaulquappen mit Fischfutter und allen anderen üblichen Larvenfuttersorten aufziehen. Die Färbung zeigt sich bei den Larven schon sehr früh, zuerst erscheint die Kopfzeichnung.

Die Aufzucht der Jungfrösche macht keine Schwierigkeiten, und bereits in einem Alter von kaum über 6 Monaten sind sie geschlechtsreif. Vorsicht beim Hantieren im Terrarium, die Frösche springen sehr häufig panikartig aus dem Behälter heraus!

Futter: Tabelle A bis E, Aufzuchtfutter A bis D. Bei etwas größeren Futterbrocken (gemeint ist etwas größer als die große Fruchtfliege) haben die Frösche schon Probleme, diese ins Maul zu bekommen.

Dendrobates granulifer TAYLOR, 1958
(Früher *Dendrobates granuliferus*)

Verbreitung und Lebensraum: Das Verbreitungsgebiet der bekanntesten Farbvariante liegt im Südwesten von Costa Rica in der Provinz Puntarenas, das der gelb-oliven Variante in der Provinz San

Dendrobates azureus.

José (vgl. JÖRGENS, 1994). Die Tiere findet man nur in den Primärwäldern an der Pazifikseite bis in einer Höhe von ca. 150 m. Hier leben sie vorwiegend an kleinen Bächen entlang.

In den Monaten April bis Dezember ist Regenzeit. Dazwischen fällt wesentlich weniger Niederschlag. Die Temperaturen liegen zwischen 24 und 28 °C am Tage und gehen in der Nacht um 2 bis 4 °C zurück.

Größe und Geschlechtsunterschiede: Die Tiere erreichen eine Größe von 19 bis 23 mm. Ein äußerlicher Geschlechtsunterschied ist nicht erkennbar.

Beschreibung: Der Rücken der bekanntesten Variante ist rot bis leicht orange, bei anderen Formen gelb-oliv. Die Seiten, die Gliedmaßen und der Bauch sind grau, blaugrau oder graugrün gefärbt. Ferner sind noch Populationen bekannt, in denen die Tiere einfarbig rot oder gelb gefärbt sind. Die Haut ist immer stark granuliert und ermöglicht ein leichtes Bestimmen der Art.

Terrarium: Typ I oder IV. Eine Bepflanzung mit größeren Bromelien ist unbedingt nötig.

Biologie, Haltung und Zucht: Seit vielen Jahren wird diese Art in Terrarien gepflegt, jedoch waren Nachzuchten äußerst selten und sind es auch heute noch. Eine erfolgreiche Nachzucht von mehreren Gelegen wurde erstmalig von MEYER, 1992, ausführlich beschrieben. Die Freilandbeobachtungen hierbei sind äußerst interessant. So fand MEYER alle Larven in den Blattachseln einer Pflanze der Gattung *Dieffenbachia* (Araceae). Die Wassertemperatur dort steigt im Laufe des Tages auf 28 °C an. Er konnte auch beobachten, daß ein Weibchen im Juli vier Nähreier in eine der Blattachseln abgelegt hatte.

Einige Angaben sollen hier als Anleitung für eine erfolgreiche Zucht dienen. Das gesamte Balzverhalten ist ähnlich wie bei *Dendrobates pumilio*. Nach dem Ablegen der Eier kümmert sich das Männchen intensiv um deren Bewässerung. Die Gelege werden an verschiedenen Orten

△ *Dendrobates fantasticus.*

▽ *Dendrobates granulifer.*

abgelegt (unter Kokosnußschalenhälften auf einer Petrischale, auf Eichenblätter, aber auch frei auf Pflanzenblättern). Mehrere auslösende Faktoren für das Balzverhalten im Terrarium sind bekannt (nach MEYER, 1992):

1. Eine simulierte Trockenzeit mit Temperaturen bis 29 °C von 4 bis 6 Wochen. Danach Herabsetzen der Temperatur um 5 °C.

2. Danach eine Erhöhung der relativen Luftfeuchtigkeit mit einer Veränderung des Sprühwassers durch ein Wasser mit einem niedrigen pH-Wert von 7.

3. Eine zusätzliche Gabe von Multi-Mulsin N in den Zuchtbrei der Drosophila.

   Die meisten Gelege wurden in der Zeit von Juni bis November gefunden.

Auch bei dieser Art können die Kaulquappen künstlich aufgezogen werden. Hierzu erhalten die Larven Hühnereigelb als Nahrung. Bei dieser Methode ist ein Wasserwechsel spätestens 6 Stunden nach der Fütterung unbedingt notwendig, da das Eigelb das Wasser stark verschmutzt.

Aber auch bei dieser Art ist die natürliche Nachzucht im Terrarium möglich und am einfachsten. Dafür werden von den Weibchen die Kaulquappen in verschiedene Bromelientrichter (immer einzelne) abgesetzt und mit Nähreiern versorgt. Ein Gelege besteht aus 2 bis 7 Eiern, wobei häufig einige unbefruchtet sind. Es zeigte sich, daß die künstlich aufgezogenen Larven einen wesentlich längeren Entwicklungszeitraum benötigen (139 bis 186 Tage). Die natürlich aufgezogenen Larven brauchten dagegen nur 82 bis 90 Tage bis zu ihrer Metamorphose. Die Embryonalentwicklung der Larven liegt zwischen 16 und 19 Tagen und dauert damit um 5 bis 6 Tage länger als bei *Dendrobates pumilio*.

Futter: Tabelle A bis G, als Aufzuchtfutter A bis D. Die Frösche fressen am liebsten nur Kleinstfutter. Springschwänze werden hierbei eindeutig bevorzugt.

Dendrobates histrionicus
BERTHOLDT, 1845

Verbreitung und Lebensraum: Die Art kommt in West-Kolumbien und Ecuador vor, wo man sie entlang der Pazifikküste bis zu den Anden in einer Höhe von 20 bis 1000 m findet. Das Hauptverbreitungsgebiet liegt aber in der Chaco-Region.

Dort leben sie am Boden und in der niedrigen Vegetation, häufig auf Hängen in den feuchten Regenwäldern, aber auch in Sekundärwäldern und selbst in Plantagen.

Größe und Geschlechtsunterschiede: Die Tiere können eine Größe von 38 mm erreichen. Einen eindeutigen Geschlechtsunterschied gibt es bei dieser Art nicht. Die dunkle Kehle bei den Männchen ist nicht immer sichtbar.

Beschreibung: Innerhalb ihres Verbreitungsgebietes haben sich verschiedene Farb- und Zeichnungsvarianten entwickelt. Die Grundfärbung kann von schwarz bis hellbraun alle Abstufungen aufweisen. Hierbei gibt es alle möglichen Farb- und Zeichnungskombinationen mit gelben, roten, orange, grünen oder hellbraunen Punkten, Flecken, Strichen und auch Netzzeichnungen. Die verschiedenen Populationen sind in ihrer Zeichnung aber sehr stabil und einheitlich.

Terrarium: Typ I, IV oder V. Es müssen einige tiefe Bromelien vorhanden sein. Die Tiere bringen ihre Kaulquappen aber auch in durchsichtige Filmdosen, die leicht schräg in die Bromelien gelegt werden oder im Terrarium angebracht sind und halb mit Wasser gefüllt sind. Die Temperaturen sollten etwa bei 23 bis 28 °C liegen.

Biologie, Haltung und Zucht: Obwohl die Zucht dieser interessanten Art immer noch schwierig ist, häufen sich doch die Nachzuchterfolge. Einen ausführlichen Bericht über ihre Beobachtungen im Terrarium haben ZIMMERMANN & ZIMMERMANN, 1982, veröffentlicht. Die Tiere sollten paarweise gepflegt werden oder in kleinen Gruppen von etwa 3 bis 6 Tieren, je nach Terrariumgröße. Die Männchen bilden feste Reviere aus und verteidigen diese gegen andere Männchen. Ihre unterschiedlichen Rufe werden als Revier-, Protest- und Werbelaut gedeutet. Der Revierlaut dient zur Abgrenzung. Der Protestlaut wird während einer körperlichen Interaktion vom unterlegenen Männchen ausgerufen. Den Werbelaut gibt das Männchen bei Sichtkontakt und Erkennen eines Weibchens von sich. Das Werbeverhalten ähnelt denen anderer Dendrobatiden. Es reicht von Vorderbeinwinken, über das Streicheln des Rückens, bis hin zum Weg- und Nachhüpfen. Ein Weibchen kann bis zu 16 Eier legen, in der Regel sind es aber selten mehr als 10. Die Eier werden nicht bewacht, jedoch vom Weibchen einmal täglich bewässert. Nach ca. 2 Wochen übernimmt das Weibchen je eine freiliegende Larve und transportiert diese zu einer Bromelie oder auch zu einer anderen geeigneten Wasserstelle. Es werden alle Larven der Reihe nach abgesetzt. Von nun an werden die Larven vom Weibchen mit Nähreiern versorgt. Nach ca. 11 Wochen gehen die Jungfrösche an Land, deren weitere Pflege keine Probleme bereitet. Die Aufzucht der Larven mit Hühnereigelb dauert mindestens 17 Wochen. Von dieser Art weiß man, daß Eier und auch Larven anderer Arten als Nahrung akzeptiert werden. Die Art ist sehr anfällig für Infektionskrankheiten, auch Hautverletzungen führen häufig zum Tod.

Futter: Tabelle A bis G, als Aufzuchtfutter A bis D. Es werden eindeutig kleinere Futtertiere bevorzugt. Frisch geschlüpfte Heimchen werden noch gefressen, wogegen etwas größere Wachsmaden den Tieren bereits Schwierigkeiten bereiten.

Dendrobates imitator SCHULTE, 1986

Verbreitung und Lebensraum: Die Art kommt aus Nordost-Peru, der Cordillera Oriental. Hier leben die Frösche in einer Höhe von 250 bis 1000 m. Die Dendrobatiden findet man am Boden, aber häufiger in den etwas höher gelegenen Vegetationszonen der feuchten Montanwälder. Interessant ist die Entdeckung von SCHULTE, 1986, wonach die Tiere zu unterschiedlichen Jahreszeiten unterschiedliche Pflanzen bewohnen. Er unterteilt die Pflanzen in drei Kategorien:

1. Rückzugspflanzen zur Trockenzeit. Hier reicht ein Wasserstand von 1 bis 2 cm aus.

2. Laichpflanzen. Hier ist kein Wasserstand nötig, aber eine hohe relative Luftfeuchtigkeit wie z. B. in Blattröhren.

3. Brutpflanzen. In ihnen sollte ein Wasserstand von 10 cm und mehr vorhanden sein.

Größe und Geschlechtsunterschiede: Die Tiere erreichen eine Gesamtlänge von 19 mm, wobei die Männchen wieder etwas kleiner und schmaler sind als die Weibchen.

Beschreibung: Da diese Art auch zu der *Dendrobates-ventrimaculatus*-Gruppe gehört, ist die Ähnlichkeit mit anderen Arten (z. B. *Dendrobates variabilis)* sehr groß. Ein wichtiges Unterscheidungsmerkmal als Abgrenzung zu dieser Art ist die längere 1. Zehe bei *D. imitator.* Die Netzzeichnung zwischen der schwarzen Haut ist metallisch gelbgrün. Die Kehle ist zitronengelb, und die Gliedmaßen haben einen metallischen Blauschimmer. Es ist kein Kinnfleck vorhanden. Ein weiteres wichtiges Unterscheidungsmerkmal zwischen *Dendrobates imitator* und *D. variabilis* ist auch die Kopfzeichnung, da sie verständlicherweise leichter zu vergleichen ist. So hat *D. imitator* zwei Punkte auf der Schnauzenspitze, und *D. variabilis* nur einen. Dieses brachte den Fröschen auch die deutschen Namen „Einpunkter" und „Zweipunkter" ein.

Terrarium: Typ I. Eine Nebelanlage ist angebracht. Daß in den Bromelientrichtern immer Wasser vorhanden sein muß, ist selbstverständlich.

Biologie, Haltung und Zucht: Die Männchen rufen auch ohne Sichtkontakt zu einem Weibchen. Sie liefern sich kräftige Rufduelle, aber auch körperlicher Einsatz wird von den Männchen zur Revierverteidigung angewandt. Sie rufen immer von einer erhöhten Stelle, indem sie die Unterseite des Kopfes präsentieren. Es scheint, als ob die Kinnzeichnung eine signalgebende Wirkung hat.

Wenn das Männchen ein laichbereites Weibchen angelockt hat, legt dieses seine 1 bis 4 Eier in ein dunkles Versteck (in der Natur sind es Blattstengelröhren SCHULTE, 1986). Bei STOCKEY (mündl. Mitt.) wurden die Eier unter die Decke einer

Dendrobates histrionicus.

Filmdose geheftet, aber auch offen an die Glasscheibe geklebt. Die Eier und auch die Larven sind ganz hell von einer glasklaren Gallerte umgeben. Das Männchen betreibt Brutpflege und bewässert die Eier. Die Kaulquappen werden einzeln in der üblichen Weise vom Männchen und auch vom Weibchen aufgenommen und in die Bromelientrichter verteilt. Die Aufzucht kann normal mit Fischfutter erfolgen. Die Larven sind kannibalistisch und fressen auch artfremde Kaulquappen. Sie müssen daher einzeln großgezogen werden. Die Aufzucht der Larven bzw. später der Jungfrösche bereitet keine Probleme.

Futter: Tabelle A bis F, als Aufzuchtfutter A bis D. Es wird kleines Futter eindeutig bevorzugt, wobei Springschwänze den Hauptanteil ausmachen.

Dendrobates lehmanni
MYERS & DALY, 1976

Verbreitung und Lebensraum: Die Art besitzt ein kleines Verbreitungsgebiet innerhalb Kolumbiens. Hier findet man die Tiere in den Bergregenwäldern von 450 bis 1100 m Höhe. Es ist das Gebiet zwischen dem Rio Anchicaya und dem Rio Dagua.

Die Tiere leben am Boden und klettern in der Vegetation bis in 2 Meter Höhe. Diese Art lebt in unmittelbarer Nachbarschaft mit *Dendrobates histrionicus.* Die relative Luftfeuchtigkeit dort liegt häufig bei 95 bis 100 %.

Größe und Geschlechtsunterschiede: Die Art wird bis zu 36 mm groß. Ein eindeutiger Geschlechtsunterschied ist nicht vorhanden. Einige Männchen bleiben kleiner als die Weibchen und haben etwas verbreiterte Fingerscheiben.

Beschreibung: Die Grundfärbung ist ein Schwarzton. Eine Bänderung in den Farben Rot, Braun, Orange bis Zitronengelb verläuft quer über den Körper. Die Zehenspitzen sind meistens weiß gefärbt. Da die Art sehr nahe mit *D. histrionicus* verwandt ist, sind auch einige Übergangsfarben und Muster bekannt.

△ *Dendrobates imitator.*　　　　　　　　　　▽ *Dendrobates lehmanni.*

Terrarium: Typ I, IV und V. Nähere Angaben siehe *Dendrobates histrionicus*. Die Temperaturen sollten etwa 22 bis 26 °C betragen.

Biologie, Haltung und Zucht: Nachzuchten dieser interessanten Art sind noch immer die Ausnahmen. Die Tiere sind im Verhalten und in der Brutpflege identisch mit *Dendrobates histrionicus*.

Die Eiablage erfolgt in Laichhäuschen oder frei auf Bromelien oder im Laub. Während der Eiablage verläßt das Männchen den Ablageplatz und kommt innerhalb von 3 Stunden wieder zurück, um das Gelege zu befruchten. Auch hier kümmert sich das Weibchen um das Gelege sowie den Transport der Larven. Diese werden wieder einzeln in verschiedene Blattachseln der Bromelien gebracht.

Nach ca. 3 Tagen beginnt das Weibchen mit der Fütterung der Larven mit Nähreiern. Dieses wiederholt sich in Abständen von ca. 4 bis 6 Tagen. Es sind in der Regel 3 bis 7 Eier, die vom Weibchen ins Wasser gelegt werden. Nach ca. 80 Tagen gehen die Jungfrösche an Land.

Die künstliche Aufzucht der Larven erfolgt in kleinen Schalen oder klaren Filmdosen. Hier werden die Larven bei einer Wassertemperatur von 22 °C einmal am Tag mit einem Tropfen Hühnereigelb aus der Pipette gefüttert. Nach 3 bis 5 Stunden muß das Wasser gewechselt werden, da die Larven sonst zu ersticken drohen. Nach dieser Methode benötigen die Kaulquappen ca. 120 Tage, bevor sie als Frosch an Land gehen.

Bei der Vergesellschaftung mit anderen Arten kommt es vor, daß *Dendrobates lehmanni* die Eier und auch die Larven der anderen Arten auffrißt. Wir konnten beobachten, wie ein Männchen 7 Larven von *Epipedobates tricolor* aus einer Wasserschale aufgefressen hat. Eine paarweise Haltung ist sinnvoll, in größeren Terrarien können auch kleine Gruppen gepflegt werden.

Futter: Tabelle A bis H, als Aufzuchtfutter A bis D. Es wird hauptsächlich Kleinstfutter gefressen, aber auch frisch geschlüpfte Heimchen.

Dendrobates leucomelas FITZINGER, 1864

Verbreitung und Lebensraum: Diese Art ist in Venezuela beheimatet. In Höhen von 50 bis 800 m kann man die Tiere südlich des Orinoco bis an die Grenze nach Brasilien finden. Es sind Bodenbewohner, die in den Waldgebieten des Flachlandes genauso zu finden sind, wie in den höher gelegenen tropischen Regenwäldern. Durch die geographische Lage ist die Temperatur und das Klima das ganze Jahr hindurch ziemlich beständig. Die Temperaturen liegen zwischen 26 und 30 °C mit Nachttemperaturen um 20 °C. Die relative Luftfeuchtigkeit beträgt in der Mittagszeit ca. 60 % und steigt in der Nacht auf über 90 % an. Je wärmer es am Tage wird, desto mehr suchen die Frösche schattige und kühlere Plätze auf.

Größe und Geschlechtsunterschiede: Mit einer Größe bis 38 mm sind die Weibchen ausgewachsen. Die Männchen bleiben 2 bis 3 mm kleiner. Die Haftscheiben des 2., 3., und 4. Fingers sind bei den Männchen etwas größer als bei den Weibchen.

Beschreibung: Die Grundfärbung ist ein mattes Schwarz. Gelbe, orange und grüne (BRENDEL, mündl. Mitt.) Streifen, die ineinander verschwungen sind, bilden auf dem Kopf, den Gliedmaßen und am Körperende eine Querbänderung. Bei einigen Tieren löst sich die Bänderung auch zu einer Netzzeichnung auf. Die Bauchseite ist durchgehend schwarz gefärbt.

Terrarium: Typ II oder IV. Für ausreichende Versteckplätze muß gesorgt werden. Auf den Boden legt man etwas Waldlaub. Da die Frösche sehr gerne im Terrarium klettern und ihre Eier in höher angebrachten Filmdosen ablegen, sollte man dieses bei der Einrichtung berücksichtigen.

Biologie, Haltung und Zucht: Die Tiere kann man in einem Terrarium von L 80 × T 50 × H 60 cm in einer Gruppe, bestehend aus zwei Paaren, pflegen. Hierbei sollten aber einige Etagen als separate Lebensräume im Terrarium vorhanden sein. Zum Ablaichen nutzen die Frösche umgestülpte Pflanzenschalen, unter denen sich Petrischalen befinden. Wenn man das Innere noch mit einigen Eichenblättern auslegt, werden die Eier darauf abgelegt. Durch das Rufen des Männchens wird das Weibchen angelockt und hüpft auf dieses zu. Dann hüpft das Männchen rufend unter die Pflanzenschale, und das Weibchen folgt ihm. Nach kurzer Zeit kommt das Männchen wieder heraus. Das Weibchen erscheint erst viel später wieder, denn sie hat in der Zwischenzeit ihre 2 bis 8 Eier abgelegt. Nun kommt das Männchen zurück und besamt die Eier. Es ist bekannt, daß auch Laichfressen bei dieser Art vorkommt. Zur besseren Kontrolle und zur sicheren Entwicklung sollte man die Eier gesondert zeitigen. Hierfür braucht man in die Petrischale nur etwas Wasser zu gießen (die Eier dürfen nicht mit Wasser bedeckt sein) und diese dann abdecken. Bei einer Umgebungstemperatur von 25 °C schlüpfen die ersten Kaulquappen nach 12 bis 15 Tagen. Eine Einzelhaltung ist sinnvoll, da die Larven kannibalistisch veranlagt sind. Futter und Aufzucht siehe *Dendrobates azureus*. ZIMMERMANN & ZIMMERMANN haben beobachtet, wie sich 22 Monate alte Tiere einer Gruppe gegenseitig drückten, wobei sie einige Verluste zu beklagen hatten. Es ist also ratsam, nur wenige Tiere in einer Gruppe zu pflegen, hauptsächlich sind die Weibchen zu trennen. Es scheint so, als ob starke Weibchen die schwächeren daran hindern, sich zu vermehren. Vorsicht bei der Vergesellschaftung mit anderen Arten aus der *Dendrobates-tinctorius*-Gruppe, es kann zu Kreuzungen kommen.

Futter: Tabelle A bis H. Kleine Heimchen können von den Fröschen gerade noch überwältigt werden.

Dendrobates pumilio SCHMIDT, 1857
Erdbeerfrosch

Verbreitung und Lebensraum: Das Verbreitungsgebiet der Erdbeerfrösche liegt in Mittelamerika. Es reicht vom nördlichen Nicaragua über Costa Rica bis nach Panama. Man findet die Frösche in Höhen von 0 bis 1000 m. Sie bewohnen den Tieflandregenwald genauso häufig wie den Montanregenwald. Aber auch in

Kakaoplantagen und anderer Sekundärvegetation sind sie anzutreffen. Die verschiedenen Lokalformen weisen zum Teil auch unterschiedliche Lebensgewohnheiten auf. Während die einfarbig rot gezeichneten Tiere häufig am Boden zu finden sind, bevorzugen die grün-, gelb- oder orangegepunkteten Formen höher gelegene Vegetationen. Die größte Farbenvielfalt findet man im Archipel Bocas del Toro. Hier kommen die Frösche selbst in unmittelbarer Nähe des Strandes vor.

Die Temperaturen liegen je nach Höhenlage zwischen 22 und 30 °C am Tage und um 3 bis 5 °C tiefer in der Nacht. Die relative Luftfeuchtigkeit schwankt zwischen 80 und 100 %.

Größe und Geschlechtsunterschiede: Die Tiere sind mit 17 bis 24 mm, je nach Herkunftsgebiet, ausgewachsen. Ein eindeutiger Geschlechtsunterschied ist nicht vorhanden. Bei den Männchen kann man manchmal die Schallblase als eine Art Hautfalte erkennen. Auch sind sie häufig etwas schlanker.

Beschreibung: Die größte Variabilität in der Farbe und in der Musterung finden wir bei den Tieren aus dem Bocaarchipel. Am bekanntesten sind jedoch die Tiere aus Costa Rica. Sie sind entweder ganz rot oder rot mit schwarzen bzw. blauen Beinen. Darüber hinaus gibt es alle Farbvarianten, von gelbweiß, über grüngelb, rotweiß, grün, blau, orange bis zu metallisch bronze, teilweise auch Mischformen. Auf dieser Grundfärbung zeigen die Frösche sehr häufig eine Zeichnung aus braunen Flecken und Punkten.

Terrarium: Typ I, II, IV und V. Es sollten reichlich Versteckplätze vorhanden sein. Darüber hinaus sind zahlreiche Bromelien oder andere für die Kaulquappenaufzucht geeignete Wasseransammlungen notwendig. Dafür eignen sich durchsichtige Filmdosen, die man in die Blattachseln der Pflanzen legt und mit Wasser füllt. Hier hinein werden auch die Larven abgesetzt, so daß man eine bessere Kontrolle hat.

Biologie, Haltung und Zucht: Eine Pflege in zu großen Gruppen sollte man vermeiden. In einem Terrarium der Größe L 80 × T 40 × H 60 cm kann man etwa

Dendrobates leucomelas.

zwei Männchen und drei Weibchen gemeinsam halten, wenn man einige voneinander getrennte Pflanzengruppen einbaut.

Die Männchen bilden in der Regel sofort ihre Reviere aus und bekämpfen sich folglich. Vorsicht bei der Vergesellschaftung mit anderen Arten. *Dendrobates pumilio* ist in der Lage, andere Frösche zu drücken und im Wasserteil zu ertränken.

Durch häufiges Sprühen oder Vernebeln des Terrariums werden die Tiere zur Paarung aktiviert. Die Männchen fangen an zu rufen und locken so die laichbereiten Weibchen an. Das Männchen sucht einen geeigneten Laichplatz aus, wo das Weibchen später seine aus 4 bis 12 Eiern bestehenden Gelege ablegt. Bei großen Gelegen sind häufig einige Eier nicht befruchtet. Das Männchen kommt nun regelmäßig zurück, um das Gelege zu wässern.

Nach ca. 10 Tagen kommt das Weibchen das erste Mal zurück, um den Entwicklungsstand der Larven zu prüfen. Wenn die Larven ihre Entwicklung abgeschlossen haben, werden sie vom Weibchen einzeln aufgenommen und je eine Larve in einen Bromelientrichter gesetzt. Sollten 2 Kaulquappen in einen Trichter geraten, überlebt nur eine davon. Von diesem Zeitpunkt an füttert das Weibchen sie mit Nähreiern. Diese Gelege sind in der Beschaffenheit anders als normal.

Bei der natürlichen Nachzucht im Terrarium verwandeln sich die Kaulquappen nach ca. 70 bis 75 Tagen zu kleinen Fröschen. Eine Aufzucht mit Hühnereigelb ist möglich, aber sehr aufwendig, und die Entwicklung der Larven dauert wesentlich länger. Bei dieser Methode muß einige Zeit, spätestens 6 Stunden nach dem Füttern, ein Wasserwechsel vorgenommen werden, da das Eigelb das Wasser stark verunreinigt.

Futter: Tabelle A bis F. Es wird Kleinstfutter eindeutig bevorzugt, wobei Springschwänze und die kleine Fruchtfliege den Hauptanteil ihrer Nahrung bilden.

△ *Dendrobates pumilio.*   ▽ *Dendrobates reticulatus.*

Dendrobates reticulatus MYERS, 1982

Verbreitung und Lebensraum: Die Art stammt aus Peru und lebt dort in den tropischen Regenwäldern vom Boden bis in die etwas höhere Vegetation. Sehr häufig findet man die Tiere in Bromelien. Die Temperaturen liegen ganzjährig etwa bei 22 bis 28 °C.

Größe und Geschlechtsunterschiede: Die Tiere erreichen eine Größe von 16 bis 18 mm, wobei die Männchen etwas kleiner bleiben. Auch sind die Weibchen meistens etwas fülliger als die Männchen.

Beschreibung: Die Art gehört zur *Dendrobates-ventrimaculatus*-Gruppe. Der Kopf ist bis zum Rücken leuchtend rot gefärbt. Die Gliedmaßen sind fein gesprenkelt in graugrün bis blauviolett und ergeben ein feines bis grobes Netzmuster. Dieses zieht sich über die Seiten bis zum hinteren Rückenbereich.

Terrarium: Typ I oder V. Es sollten auf jeden Fall einige Bromelien in einem höheren Bereich vorhanden sein. Zur Eiablage werden auch sehr gerne schwarze Filmdosen, die waagerecht auf dem Boden liegen, aufgesucht.

Biologie, Haltung und Zucht: Ein aggressives Verhalten der Männchen wurde bei einigen Tieren sowohl gegenüber der eigenen Art als auch gegen andere Frösche beobachtet. Die Tiere wurden angesprungen und gedrückt. Dieses Verhalten ist aber nicht immer vorhanden. Die Haltung von einem Männchen und mehreren Weibchen ist unproblematisch, evtl. sogar stimulierend. Ein Männchen kann mehrere Weibchen betreuen. Das Werbe- und Laichverhalten ähnelt dem von *Dendrobates imitator*. Es werden 1 bis 5 Eier abgelegt. Mit fortschreitender Entwicklung werden sie dunkler, bis sie ganz schwarz sind. Die Eier werden von beiden Geschlechtern betreut. Nach ca. 10 bis 12 Tagen nimmt das Männchen je eine Larve auf den Rücken und bringt sie in die geeignete Wasseransammlung. Dieses geschieht unter ständigem Rufen, gefolgt vom Weibchen.

Nach 2 bis 3 Tagen fängt das Männchen erneut an, das Weibchen in die Blattachsel zu locken. Dieses setzt sich nun rückwärts ins Wasser und wartet, bis die Larve sie berührt. Nun legt das Weibchen 1 bis 3 Näheier ins Wasser ab. Sie sind jedoch nicht unbedingt die einzige Nahrung der Larven. Sollte eine Blattachsel einmal anfangen, auszutrocknen, kommt das Männchen und holt die Larve heraus, um sie an einen anderen Platz zu bringen. Die Larven sind auch in der Lage, organische Stoffe aufzunehmen, darüber hinaus sind sie äußerst kannibalistisch veranlagt. Die Kaulquappen können auch einzeln in kleinen Schalen mit Fischfutter aufgezogen werden. Nach 75 bis 85 Tagen gehen die Jungfrösche an Land. Die Tiere sind nach 6 Monaten bereits geschlechtsreif.

Futter: Tabelle A bis D. Der Hauptanteil an Futtertieren besteht aus Springschwänzen.

Dendrobates speciosus SCHMIDT, 1857

Verbreitung und Lebensraum: Es ist eine reine Gebirgsform, die im Chiriqui-Massiv von Panama in 1100 bis 1580 m Höhe zu finden ist. Hier leben die Tiere am Boden und auf bemoosten Baumstämmen. Die Temperaturen liegen bei 20 bis 24 °C und gehen in der Nacht um 2 bis 4 °C zurück. Nebel ist in dieser Landschaft überaus häufig, und die relative Luftfeuchtigkeit liegt folglich bei 80 bis 100 %.

Größe und Geschlechtsunterschiede: Mit 27 bis 31 mm ist diese Art deutlich größer als *Dendrobates pumilio*, womit sie häufig verwechselt werden (allerdings nur mit der einen Farbvariante aus Costa Rica). Ein Geschlechtsunterschied ist äußerlich nicht zu erkennen.

Beschreibung: Die Tiere sind einfarbig rot bis orange und haben teilweise leichte braune Markierungen auf dem Rücken.

Terrarium: Typ II und IV. Die Tiere können wie *Dendrobates pumilio* gepflegt werden, nur etwas kühler.

Biologie, Haltung und Zucht: Die Art ähnelt in ihren Verhaltensweisen sehr stark *Dendrobates pumilio*. Bei der Paarung findet kein Amplexus statt. Die Anzahl der Eier pro Gelege beträgt bis zu 16 Stück und ist somit erheblich höher als bei *D. pumilio*. Es kommt vor, daß beide

Partner die Eier bewässern. Das Weibchen transportiert aber auch hier die Kaulquappen in die Bromelientrichter und versorgt sie mit Nährgelegen. Auslöser für das Ablegen dieser Eier scheint das Schlängeln der Larven zu sein. Es ist aber auch nicht ausgeschlossen, daß die Kaulquappen am Weibchen knabbern (Futterbetteln). Eine Aufzucht mit Hühnereigelb ist möglich. Die Larven müssen einzeln aufgezogen werden, da sie sich sonst verstümmeln bzw. auffressen. Nach ca. 75 Tagen ist die Entwicklung abgeschlossen. Eine künstliche Aufzucht der Kaulquappen wurde von BEUTELSCHIESS & BEUTELSCHIESS 1983 beschrieben. Sie verwendeten als Aufzuchtfutter ein Gemisch aus Eigelb, Magerquark und einer Prise Osspulvit. Zeitweise wurden noch Sojaflocken und Fischfutter untergemischt. Es wurde einmal am Tag gefüttert. Nach dieser Methode benötigen die Larven bis zur Metamorphose ca. 155 Tage.

Futter: Tabelle A bis F. Springschwänze sind auch bei dieser Art das bevorzugte Futter.

Dendrobates tinctorius
(SCHNEIDER, 1799)

Verbreitung und Lebensraum: Diese Art findet man auf dem gesamten Guyana-Schild von (Britisch-)Guyana über Surinam und Französisch-Guyana bis nach Brasilien hinein. Die Frösche sind typische Bodenbewohner der tropischen Regenwälder. Häufig trifft man sie in der Nähe von Fließgewässern an. Sie führen eine etwas versteckte Lebensweise. Die Temperaturen liegen übers Jahr bei 22 bis 28 °C.

Größe und Geschlechtsunterschiede: Durch das große Verbreitungsgebiet bedingt, haben sich auch unterschiedliche Rassenkreise gebildet. Diese sind in sich relativ stabil (aber auch innerhalb der meisten Populationen gibt es eine gewisse Bandbreite an Farbvarianten und unterschiedlichen Zeichenmustern), sind aber untereinander in Größe und Farbe recht unterschiedlich. Sie werden nach ihren Fundpunkten, dem Aussehen oder dem Entdecker eingeordnet. So gibt es z. B. eine Form aus Surinam aus dem Gebiet des Kaisergebirges (sogenannte Kaisergebirgs-Form), die von Herrn ENSINCK entdeckte Form des Backhausgebirges (sogenannte Ensinck- oder Backhaus-Form) oder die graue Dendrobates-tinctorius-Variante (sogenannte Graubeiner-Form). Die kleinsten bekannten Tiere stammen aus dem Backhausgebirge und erreichen nur eine Größe von etwa 35 mm. Andere Formen erreichen in Ausnahmefällen auch Größen von über 60 mm. Die Männchen bleiben alle etwas kleiner und besitzen an dem 2., 3. und 4. Finger vergrößerte Haftscheiben.

Beschreibung: Die Tiere sind in der Färbung sehr variabel. Bei den Fröschen aus Französisch-Guyana überwiegen in der Regel die Blauanteile. Es sind meistens die Beine und die Unterseite, die tief blau gefärbt sind mit einer schwarzen Sprenkelung. Der Rücken kann schwarzgelb und auch schwarz-weiß gezeichnet sein. Tiere aus anderen Gebieten können einen ganz gelben Rücken aufweisen. Alle anderen Formen zeichnen sich immer durch ein sehr individuelles Muster aus weißen, grauen, blauen, gelben, orange und schwarzen Farbtönen aus.

Terrarium: Typ II und IV. Die Tiere benötigen einige Versteckplätze. Obwohl es große Frösche sind, muß das Terrarium nicht sehr groß gewählt sein. Für ein Paar reicht ein Becken in der Größe L 50 × T 40 × H 40 cm völlig aus.

Biologie, Haltung und Zucht: Dendrobates tinctorius ist ein ruhiger Frosch, der nicht ungestüm im Terrarium herumspringt. Wenn einige höher gelegene Plätze vorhanden sind, werden auch diese aufgesucht. Will man mehrere Tiere vergesellschaften, so sollten sie gemeinsam das Terrarium beziehen. Später eingesetzte Tiere, hauptsächlich verhalten sich die Weibchen untereinander aggressiv, werden unterdrückt. Besser ist immer eine paarweise Haltung. Gegenüber anderen Dendrobatiden sind die Tiere nicht so aggressiv. Vorsicht bei der Vergesellschaftung mit nah verwandten Arten, da sie sich kreuzen. So gibt es Bastarde von Dendrobates tinctorius mit D. auratus, D. leucomelas und D. azureus. Die Tiere pflanzen sich das ganze Jahr über fort. Man hat allerdings

Dendrobates tinctorius.

die Möglichkeit, diese Zeiten etwas zu steuern, indem man eine trockenere Periode einlegt.

Wenn die Männchen anfangen zu rufen, dauert es meistens nicht lange, bis ein paarungsbereites Weibchen sich zeigt. Das Vorspiel der Frösche, bei dem sie hintereinanderherhüpfen und den Partner streicheln, dauert mehrere Stunden, manchmal sogar mehrere Tage. Abgelaicht wird unter umgestülpten Blumenschalen oder Kokosnußschalen, aber auch in Filmdosen. Es ist sinnvoll, eine Petrischale unter die Schalen zu stellen. Hier hinein werden die 2 bis 12 Eier abgelegt, die später vom Männchen besamt werden. Dieses versorgt auch weiterhin die Eier. Dann trägt es die Kaulquappen zum Wasser. Eine getrennte Aufzucht ist angebracht, da die Larven kannibalistisch veranlagt sind. Die Jungfrösche gehen nach ca. 75 Tagen an Land. Die Aufzucht erfolgt wie bei *Dendrobates auratus,* allerdings benötigen die Jungfrösche über einen längeren Zeitraum Kleinstfutter.

Futter: Tabelle A bis G, Aufzuchtfutter A bis D. Obwohl es recht große Frösche sind, haben sie mit größeren Futterbrocken ihre Schwierigkeiten. Springschwänze und kleine Drosophila werden am liebsten gefressen.

Dendrobates variabilis
ZIMMERMANN & ZIMMERMANN, 1988

Verbreitung und Lebensraum: Die Art kommt aus der Region San-Martin in Peru. SCHULTE, 1981, fand die Art im montanen Regenwald in einer Höhe von ca. 1000 m, wobei sich die Frösche in einer Höhe von 0,3 bis 1,5 m über dem Waldboden bewegten. Ferner gibt er eine geringe Populationsdichte an, was allerdings damit zusammenhängen kann, daß Bromelien hauptsächlich in 20 bis 30 Metern Höhe an den Bäumen vorhanden waren. Da die Frösche ausgezeichnet klettern können, ist es nicht abwegig, daß sich die Tiere in höhergelegenen Bromelien aufhalten. Die Temperaturen sollten für die Tiere aus den Höhenlagen nicht über 25 °C hinausgehen.

Größe und Geschlechtsunterschiede: Die Frösche erreichen eine Größe von 15,5 bis 18 mm. Die Männchen sind sichtbar schlanker als die Weibchen.

Beschreibung: Der deutsche Name „Einpunkter" bezieht sich auf den einen schwarzen Punkt auf der Schnauzenspitze. Die Körperfärbung ist grün bis türkis, wobei der Kopfbereich bis zum Rücken auch gelb gefärbt sein kann. Der ganze Körper ist mit großen runden bis ovalen schwarzen Flecken versehen. Zur Abgrenzung von *Dendrobates imitator* siehe dort.

Terrarium: Typ I. Durch ihr spezielles Eiablageverhalten müssen ständig wassergefüllte Bromelientrichter vorhanden sein. Es werden aber auch mit Wasser gefüllte, halb schräg liegende Filmdosen angenommen.

Biologie, Haltung und Zucht: Lange Zeit wurde diese Art als *Dendrobates quinquevittatus* (heute *D. ventrimaculatus*)

bezeichnet. Die Frösche haben auch das gleiche Eiablageverhalten. Beide Formen (Arten) legen ihre Eier kurz unter der Wasseroberfläche ab.

Das Werbeverhalten der Männchen ist ähnlich dem aller anderen Dendrobatiden. Es lockt durch sein Rufen ein laichwilliges Weibchen an. Danach folgt das Weibchen dem rufenden Männchen in kurzem Abstand, bis es einen passenden Bromelientrichter gefunden hat. Dort beginnt das Männchen mit den Hinterbeinen einige wischende Bewegungen auszuführen. Danach fängt das Weibchen an, den Ablageplatz, der sich unter Wasser befindet, mit den Hinterbeinen zu putzen. Dann richtet es sich auf und beginnt mit der Eiablage. In diesem Moment springt das Männchen auf das Weibchen und besamt im gleichen Augenblick die austretenden Eier. Diese werden unterhalb der Wasseroberfläche an das Bromelienblatt angeheftet. Ein Gelege besteht aus 5 bis 11 Eiern. Das Männchen verläßt danach sofort den Ablageplatz und kehrt nur zu ganz

Dendrobates variabilis.

sporadischen Kontrollen zurück. Nach etwa 10 bis 15 Tagen kommt es zurück, um die Kaulquappen aufzunehmen. Hierbei setzt sich das Männchen in den Bromelientrichter zwischen die vollentwickelten Kaulquappen, so daß diese sich an seinem Rücken festheften können. Diese werden dann in verschiedene Bromelienachseln oder auch in wassergefüllte Filmdosen einzeln abgesetzt. Die Larven sind kannibalistisch und müssen daher einzeln aufgezogen werden. Eine Aufzucht mit Fischfutter bereitet keine Schwierigkeiten. Wenn die Jungfrösche an Land gehen, sind sie sehr klein und benötigen dementsprechend auch kleinstes Futter.

Futter: Tabelle A bis F, als Aufzuchtfutter A bis D. Es werden eindeutig Springschwänze allem anderen Futter vorgezogen. Frischgeschlüpfte Heimchen werden auch gefressen.

Dendrobates ventrimaculatus
(SHREVE, 1935)

(Früher: fälschlicherweise als *Dendrobates quinquevittatus* bezeichnet – zumindest, was die in unseren Terrarien gepflegten Formen angeht.)

Verbreitung und Lebensraum: Diese Art besitzt ein sehr großes Verbreitungsgebiet. Es erstreckt sich von den östlichen Anden über das gesamte Amazonastiefland. Bisher sind die Tiere aus Kolumbien, Ecuador, Peru, Brasilien und Französisch-Guyana bekannt. Die Tiere wurden in Höhen von 0 bis 1000 m gefunden. Durch ihre gute Anpassungsfähigkeit haben sie sich unterschiedliche Lebensräume erobert. Man findet sie im feuchten Montanwald, im Tieflandregenwald, in Sekundärwäldern, in Plantagen und sehr häufig im dichten Gestrüpp an offenen Stellen wie Waldlichtungen und Wegrändern. Sie sind am Boden genauso häufig wie in der niedrigen Vegetation, aber auch in Bromelien zu finden. Je nach Höhenlage sind auch die Temperaturen verschieden. Während im Tiefland die Temperatur bis auf 30 °C ansteigt, steigen sie in den Höhenlagen nur bis auf 25 °C. Die relative Luftfeuchtigkeit liegt zwischen 80 und 100 %.

Größe und Geschlechtsunterschiede: Die Tiere gehören mit einer Größe von 14,5 bis 19 mm (je nach Verbreitung) zu den kleinsten Dendrobatiden. Die Weibchen sind auch bei dieser Art etwas größer und fülliger. Andere Unterscheidungsmerkmale sind nicht bekannt.

Beschreibung: Durch das große Verbreitungsgebiet haben sich unterschiedliche Farbvarianten entwickelt. Der Oberkörper kann gelbschwarz oder aber auch rotschwarz gestreift sein. Die Beine sind immer gefleckt. Statt Gelb können auch alle Farbtöne zwischen Gelb und Gelbgrün vorhanden sein, aber auch die rote Form variiert von orange bis rot.

Terrarium: Typ I und V. Es sollten immer einige Bromelien oder aber halb mit Wasser gefüllte Filmdosen vorhanden sein.

Biologie, Haltung und Zucht: Die Art zeigt ein äußerst interessantes Balz- und Fortpflanzungsverhalten. Die Männchen rufen bei Sichtkontakt eines Weibchens. Ist das Weibchen laichbereit, so geht es auf das Männchen zu. Nun sucht dieses eine Bromelie, hält aber immer wieder an, um rufend auf das Weibchen zu warten. Ist ein günstiger Bromelientrichter gefunden, gesellt sich das Weibchen zum Männchen mit Körperkontakt. Vor dem Ablegen der 5 bis 11 Eier hat das Männchen seine Spermien ins Wasser gegeben und verläßt die Bromelie. Jetzt legt das Weibchen die Eier unterhalb der Wasseroberfläche ab und verläßt auch die Ablagestelle. Nach ca. 10 Tagen kommt das Männchen zurück und setzt sich in die Nähe des Geleges. Es reagiert auf die Bewegungen der Larven. Haben diese ihr Endstadium erreicht, strampelt das Männchen mit den Hinterbeinen im Wasser und drückt mit dem Bauch das Gelege auseinander. Hierbei befreien sich die Larven aus der Gallerthülle. Das Männchen drückt den Rücken zum Bauch hin durch, so daß die Kaulquappen sich auf den Rücken des Männchens schlängeln können. Dieses kehrt in den nächsten Tagen noch einige Male zum Gelege zurück, um wieder Larven aufzunehmen. Diese können 2 bis 3 Tage auf dem Rücken haften, ehe sie das Männchen zu den Bromelientrichtern bringt. Es setzt immer nur eine Kaulquappe pro Trichter bzw. Blattachsel ab. Sind alle Larven verteilt, beginnt das Männchen das Weibchen zu den mit je einer Kaulquappe besetzten Bromelien zu führen. Nun legt das Weibchen 1 bis 3 Nähreier in den Trichter ab. Das Ablegen der Eier wird durch das Knabbern der Kaulquappe am Hinterleib des Weibchens ausgelöst (Futterbetteln). So werden im Laufe der Entwicklung einige Larven versorgt. Der Unterschied zu den echten Eifressern besteht bei dieser Art allerdings darin, daß die Larven auch anderes Futter aufnehmen. So entwickeln sich die Kaulquappen auch, wenn keine Eier abgelegt werden. Bei der künstlichen Aufzucht kann man sie mit Fischfutter etc. aufziehen. Die Larven sind sehr aggressiv und fressen jede fremde sowie auch artgleiche Kaulquappe auf. Nach ca. 75 Tagen gehen die Jungfrösche an Land. Sie benötigen in der ersten Zeit sehr viel Kleinstfutter. Nach einem ¾ Jahr sind die Tiere geschlechtsreif.

Dieses Eiablageverhalten ist nicht bei allen Tieren der Art vorhanden. Es gibt auch Formen, wie z. B. die Tiere, die aus Panguana stammen, wo die Eiablage über der Wasseroberfläche stattfindet. Hier werden die Eier frei auf dem Bromelienblatt oder in einer dafür vorgesehenen Filmdose abgesetzt. Es spricht einiges dafür, daß zahlreiche Formen, die jetzt noch als *Dendrobates ventrimaculatus* (früher *D. quinquevittatus*) bezeichnet wurden, in Zukunft eigenständige Arten werden.

Futter: Tabelle A bis F. Springschwänze werden allem anderen Futter eindeutig vorgezogen.

Epipedobates azureiventris
KNELLER & HENLE, 1985

(Früher *Phyllobates* oder *Dendrobates azureiventris*)

Verbreitung und Lebensraum: Das Verbreitungsgebiet liegt am Ostrand der peruanischen Anden in einer Höhe von 700 m. Hier leben sie auf und in der Laubschicht des Primärwaldes. Die Bodentemperaturen betragen etwa 24 °C.

Größe und Geschlechtsunterschiede:

Die Weibchen erreichen eine Größe von 26 bis 27,5 mm. Die Männchen sind mit 23 bis 24 mm ausgewachsen. Ferner sind sie auch wesentlich schlanker. Bei einigen Tieren ist die Gelbzeichnung bei den Weibchen weniger intensiv.

Beschreibung: Die Grundfärbung ist ein lackschwarzer Farbton. Der Körper sowie die Hinterbeine sind fein granuliert. Die Art hat einen gelben, seltener grünen, orange bis roten Dorsolateralstreifen (seitlich am Rücken) und außerdem einen unterbrochenen Streifen, der sich seitlich unterhalb des Auges nach hinten über den Oberschenkel bis zum Fuß zieht. Eine weitere gelbe Linie geht vorne von der Leistengegend bis oberhalb des Oberarms. Die Zehen sind ohne Schwimmhäute. Der Bauch, die Kehle und auch die Unterseite der Beine sind schwarz mit einer leuchtend blauen Marmorierung.

Terrarium: Typ II und IV. Für ausreichend Versteckmöglichkeiten sollte gesorgt werden. Schwarze Filmdosen kann man zwischen das Laub legen. Diese werden von den Fröschen häufig benutzt.

Biologie, Haltung und Zucht: Die Art besitzt ein sehr stark ausgeprägtes Revierverhalten. Beide Geschlechter verteidigen ihre Reviere sehr aggressiv gegen Artgenossen. Dabei werden die Eindringlinge mit dem Kopf gestoßen und angesprungen. Die Männchen haben verschiedene Rufe, wie wir das auch von anderen Arten kennen. Das Männchen lockt durch Trillern das Weibchen zum Eiablageplatz. Es wird sowohl in Laichhäuschen als auch in Bromelienachseln, aber auch frei auf anderen Blättern abgelaicht. Die Weibchen legen 12 bis 16 dunkelgraue Eier ab. Das Männchen übernimmt allein die Pflege der Larven. Er bewacht und bewässert das Gelege und verläßt es nur kurzzeitig. Nach etwa 14tägiger Entwicklungszeit nimmt das Männchen alle Larven auf und bringt sie zum Wasser. Die Kaulquappen können ganz normal mit Fischfutter aufgezogen werden. Bei Herrn STOCKEY (mündl. Mitt.) hat ein Männchen 5 Larven eine Woche lang mit sich herumgetragen. In diesem Zeitraum wuchsen die Kaulquappen auf das Doppelte heran.

Dendrobates ventrimaculatus aus Peru.

Futter: Tabelle A bis I. Die Tiere nehmen keine größeren Futterbrocken auf. Es sollten auch nur sehr kleine Heimchen angeboten werden.

Epipedobates bilinguis JUNGFER, 1989

Verbreitung und Lebensraum: Die Art stammt aus Ecuador. Die meisten Tiere wurden in den Gebieten von Puerto Francisco de Orellano gefunden. Sie leben am Boden im Wald und in den Waldrandgebieten. Man sieht sie dort hauptsächlich im Laubstreu sitzen.

Größe und Geschlechtsunterschiede: Die Weibchen erreichen eine Größe von 18,7 bis 22,7 mm. Die Männchen werden hingegen nur 16,5 bis 20,2 mm groß. Es sind keine weiteren Geschlechtsunterschiede vorhanden.

Beschreibung: Der Kopf sowie der gesamte Rücken sind dunkelrot bis rotbraun und stark granuliert. Die Kopfseite bis kurz hinter den Vorderbeinen ist schwarz gefärbt. Ein weißer Oberlippenstrich zieht sich bis zum Armansatz. Die Art besitzt auf dem Oberarm und dem Oberschenkel je einen gelben Fleck. Auf der Unterseite bis zu den Flanken zeigen die Tiere ein Hellblau mit schwarzen Punkten und Strichen. Die Kehle ist ganz fein und dicht gesprenkelt.

Terrarium: Typ I und IV. Da die Tiere sich in der Natur am Boden aufhalten, sollte eine Schicht mit Waldlaub ins Terrarium eingebracht werden.

Biologie, Haltung und Zucht: Der Name „bilinguis" bedeutet „zweisprachig" und wurde von JUNGFER wegen des Doppelimpulses beim Ansageruf gewählt. Die Männchen haben einen starken Revieranspruch. Sie reagieren aggressiv auf Artgenossen wie auch auf andere Frösche.

Das Männchen lockt durch Rufen das Weibchen zum Eiablageplatz. Hierfür werden Laichhäuschen gerne angenommen. Meist jedoch findet die Paarung, bei der es zum Kopfamplexus kommt, frei auf glat-

△ *Epipedobates azureiventris.*　　　　　　　　　　　　▽ *Epipedobates bilinguis.*

ten, geschützt liegenden Blättern statt. Das Weibchen legt 6 bis 13 Eier ab, die sofort vom Männchen besamt werden. Von nun an bewacht das Männchen sein Gelege. Mit Ausnahme des Weibchens werden alle Frösche vertrieben. Nach 18 bis 22 Tagen schlüpfen die Larven, die alle gemeinsam vom Männchen aufgenommen werden. Beim Schlupf weisen sie schon eine Gesamtlänge von etwa 16 mm auf. Das Männchen entläßt die Larven in einer geeigneten Wasseransammlung. Entnimmt man das Gelege, so können die Kaulquappen gemeinsam aufgezogen werden. Gefüttert werden sie mit normalem Fischfutter etc. Bei JUNGFER legte ein Weibchen in sieben Monaten (Juni-Januar) alle 16 bis 32 Tage ein Gelege.

Futter: Tabelle A bis E.

Epipedobates boulengeri
(BARBOUR, 1909)

(Früher *Dendrobates* oder *Phyllobates boulengeri*)

Verbreitung und Lebensraum: Das Verbreitungsgebiet der Art reicht vom Nordwesten Ecuadors, der Chocoan-Region der westlichen Anden, bis nach Kolumbien. Die Tiere leben am Boden in feuchten und sumpfigen Regenwaldgebieten in Höhenlagen bis 1460 m. Die Temperaturen liegen am Tage bei 18 bis 25 °C und gehen in der Nacht teilweise auf unter 15 °C zurück. Die relative Luftfeuchtigkeit liegt bei 80 bis 100 %. Häufige Regenfälle und ständiger Nebel prägen den Lebensraum.

Größe und Geschlechtsunterschiede: Die Weibchen sind mit 18 bis 22 mm ausgewachsen, wobei die Männchen nur eine Größe von etwa 18 mm erreichen. Es sind keine weiteren Geschlechtsunterschiede vorhanden.

Beschreibung: Die Art besitzt eine stark granulierte Haut auf dem Rücken. Die Grundfärbung ist schwarz mit einer gelben bis bronzefarbenen Sprenkelung. Von oben betrachtet sieht es wie eine braune Färbung aus. Ein dorsolateraler Streifen ist erkennbar. Der Bauch ist gelbschwarz marmoriert. Auf den Hinterbeinen verlaufen einige schwarze Querbänder.

Terrarium: Typ II. Das Terrarium sollte als Sumpflandschaft eingerichtet werden. Versteckmöglichkeiten kann man in Form von Ablaichhäuschen oder schwarzen Filmdosen anbieten.

Biologie, Haltung und Zucht: Eine gemeinsame Haltung von mehreren Tieren ist möglich. Während der Paarung stimulieren sich die Männchen gegenseitig. Es kommt vor, daß ein laichbereites Weibchen abwechselnd von verschiedenen Männchen geklammert wird. Dieses paart sich anschließend mit dem stärksten. Alle anderen Männchen werden danach verjagt. Es findet während der Paarung ein Amplexus statt. Das Weibchen legt bis zu 15 Eier ab, welche sofort vom Männchen besamt werden. Das Gelege wird abwechselnd von beiden Partnern gewässert und auch bewacht. Nach 14 bis 16 Tagen sprengen die Larven ihre Eihülle. Sie werden sowohl vom Männchen als auch vom Weibchen auf den Rücken genommen. Zur Aufnahme sitzen die Elterntiere mit stark durchgedrücktem Rücken neben den Larven. Die Kaulquappen schlängeln sich innerhalb weniger Minuten auf den Rücken und haften dort fest. Sie sitzen dort so fest, daß sie auch bei kräftigen Sprüngen nicht herunterfallen. Häufig werden sie mehrere Tage herumgetragen, bevor sie an einer Wasserstelle ins Wasser entlassen werden. Eine Aufzucht mit Fischfutter macht keine Probleme. Die Kaulquappen können zusammen aufgezogen werden. Bei einer größeren Anzahl ist es vorteilhafter, die Tiere auf mehrere Behälter zu verteilen. Die Wassertemperatur kann bei 20 bis 23 °C liegen. Nach ca. 2 Monaten gehen die ersten Jungfrösche an Land. Die Aufzucht mit Kleinstfutter macht keine Schwierigkeiten.

Futter: Tabelle A bis I, Aufzuchtfutter A bis D.

Epipedobates cainarachi
(SILVERSTONE, 1976)

(Früher *Phyllobates*, *Dendrobates* oder *Epipedobates ardens*)

Verbreitung und Lebensraum: Es ist nicht sehr viel über diese Art bisher bekannt, und es sind auch nicht viele

Frösche bisher gefunden worden. Einen gesicherten Fundpunkt gibt JUNGFER, 1989, in Peru an. Es ist das Tal des Rio Cainarache entlang der Straße von Tarapoto nach Yurimaguasin in etwa 600 m Höhe.

Größe und Geschlechtsunterschiede: Die Weibchen erreichen eine Größe von ca. 31 mm, wogegen die Männchen mit ca. 25 mm bereits ausgewachsen sind.

Beschreibung: Die Art gehört zu den sogenannten rotrückigen Dendrobatiden. Ihre Haut ist im Rückenbereich sehr stark granuliert. Ein gelber Oberlippenstreifen zieht sich bis zum Armansatz. Sowohl auf dem Oberarm als auch auf dem Oberschenkel befindet sich ein gelber Fleck. Die Arme und Beine sind an der Oberseite dunkelbraun bis fast schwarz gefärbt und von unten blau mit einer schwarzen Fleckung. Die Kehle und der Bauch sind hellblau mit einem schwarzen Netzmuster. Ein gelber Seitenstreifen zieht sich vom Kopfbereich bis zu den Hinterbeinen.

Terrarium: Typ II und IV. Da sich die Frösche am Boden aufhalten, sollten hier einige Versteckplätze eingerichtet werden. Dies kann eine lockere Laubschicht, aber auch eine größere alte Wurzel sein. Die Tiere verstecken sich sehr gerne in schwarzen Filmdosen.

Biologie, Haltung und Zucht: Bisher ist über diese Art nicht sehr viel bekannt. Es gibt lediglich einige Haltungsangaben.

Futter: Tabelle A bis H.

Epipedobates espinosai
FUNKHOUSER, 1956

(Früher *Phyllobates* oder *Dendrobates espinosai*)

Verbreitung und Lebensraum: Die Art stammt aus der Chocoan Region der westlichen Anden, im Nordwesten Ecuadors. Das Typusexemplar wurde auf der Hacienda Espinosa, 9 km westlich von Santo Domingo de los Colorados gefunden. Die Art lebt dort in einer Höhe von 300 bis 500 m.

Größe und Geschlechtsunterschiede: Die Weibchen erreichen eine Größe von 16 bis 19 mm. Die Männchen werden nur 16 mm groß. Andere Geschlechtsunterschiede sind nicht bekannt.

Beschreibung: Der Rücken ist rötlich gefärbt, die Seiten sind schwarz, und die Unterseite ist dunkelbraun mit türkisfarbenen Flecken und Punkten. Ein lateraler türkisfarbener, häufig unterbrochener Streifen kann vorhanden sein. Ein gelblicher unterbrochener Unterlippenstreifen zieht sich bis zu den Vorderbeinen.

Terrarium: Typ II und IV. Da die Frösche sehr gerne eine Deckung am Boden aufsuchen, sollte man einige schwarze Filmdosen zwischen das Laub legen.

Biologie, Haltung und Zucht: Die Frösche sind Bodenbewohner, die an Bachläufen entlang im Regenwald leben. Es wurden in Ausbuchtungen dieser Bachläufe mit langsam bis stehendem Wasser eine Anzahl von Kaulquappen gefunden.

Futter: Tabelle A bis F. Es wird eindeutig Kleinstfutter bevorzugt. Springschwänze machen hierbei den Hauptanteil aus.

Epipedobates parvulus
(BOULENGER, 1882)

(Früher *Phyllobates* oder *Dendrobates parvulus*)

Verbreitung und Lebensraum: Die Art ist hauptsächlich aus Ecuador bekannt, aber es gibt auch einen Fundpunkt in Peru. Das Hauptverbreitungsgebiet liegt an den Flüssen Rio Curray, Rio Tigre und Rio Pastaza in Ecuador. Es sind reine Bodenbewohner der primären, stark beschatteten Regenwälder (HEINEMANN, mündl. Mitt.).

Größe und Geschlechtsunterschiede: Die Weibchen erreichen eine Größe von 22,5 bis 23,8 mm, dagegen werden die Männchen nur 20,0 bis 22,5 mm groß. Äußerliche Geschlechtsunterschiede sind keine vorhanden.

Beschreibung: Die Tiere haben einen intensiv roten bis rotbraunen, stark granulierten Rücken. An den Rändern wird die Haut glatter und geht in einen schwarzen Farbton über. Der Kopf ist an den Seiten schwarz, und ein heller Oberlippenstrich

△ *Epipedobates boulengeri.*

△ *Epipedobates cainarachi.*

△ *Epipedobates espinosai.*

▽ *Epipedobates parvulus.*

geht über die Vorderbeine hinaus bis zum Bauch. Die Unterseite mit den Innenflächen der Beine ist hellblau mit dunklen Flecken und Strichen. Die Hinterbeine sind dunkel mit feinen hellblauen Sprenkeln.

Diese Art unterscheidet sich von anderen rotrückigen *Epipedobates*-Arten durch das Fehlen des Waden- und Oberschenkelflekkes, der Spannhäute und durch den Besitz von Zähnen.

Terrarium: Typ II und IV. Eine Laubschicht am Boden ist für eine artgerechte Haltung unerläßlich.

Biologie, Haltung und Zucht: Die Tiere haben ein ausgeprägtes Revierbewußtsein. Sie verteidigen den Eigenbezirk gegenüber arteigenen Eindringlingen genauso wie auch gegenüber anderen Dendrobatiden. Dieses Verhalten kann man bei beiden Geschlechtern erkennen.

Die Männchen rufen den ganzen Tag über. Gelangt nun ein ablagebereites Weibchen in das Blickfeld des Männchens, so lockt dieses es zu einem geeigneten Eiablageplatz.

Bei der Paarung kommt es zum Kopfamplexus. Die Tiere paaren sich überwiegend in Filmdosen oder anderen Verstecken. Später übernimmt das Männchen die Versorgung des Geleges und auch den Larventransport.

Die künstliche Aufzucht ist schon mehrfach gelungen. HEINEMANN (mündl. Mitt.) beobachtete an seinen Larven, daß sich zur Aufzucht nur größere Behälter mit einem Wasserstand von 750 ml und einem weiteren noch mindestens 3 cm hohen Rand eignen, da die Kaulquappen gerne springen. Er machte ähnliche Beobachtungen im natürlichen Lebensraum, wo die Männchen die Larven in die kleinen am Fuß der Hänge fließenden Bachläufe brachten. Da es sich teilweise um temporäre Gewässer handelt, müssen die Larven, wie die dort lebenden Killifische, von Loch zu Loch springen (schlängeln), um zu überleben. Die Populationsdichte war sehr gering. Nach etwa 90 Tagen gehen die fertigen Frösche an Land.

Futter: Tabelle A bis E.

Epipedobates pictus (TSCHUDI, 1838)
(Früher *Phyllobates* oder *Dendrobates pictus*)

Verbreitung und Lebensraum: Die Art weist ein sehr großes Verbreitungsgebiet auf. Die Frösche kommen fast im gesamten Amazonasgebiet vor, etwa von Kolumbien, Ecuador und Peru, über Brasilien bis nach Venezuela und dem gesamten Guyanaschild. Es ist ein Bodenbewohner der tropischen Regenwälder. Die flinken Frösche leben in der Laubschicht und auf niedriger Vegetation.

Größe und Geschlechtsunterschiede: Auch bei diesen Arten tritt ein geschlechtsbezogener Größenunterschied auf. Die Weibchen werden 22 bis 29 mm groß und die Männchen sind bereits mit 18 bis 21 mm ausgewachsen.

Beschreibung: Der Rücken ist braun und wird von einem cremefarbenen bis weißen dorsolateralen Streifen, der sich von der Schnauze über das Auge bis zu den Hüften hinzieht, zu den dunklen fast schwarzen Seiten hin abgegrenzt. Ein zweiter heller Strich läuft von der Maulspalte zum Arm und setzt sich unter dem Arm nach hinten hin fort. Die Kehle ist dunkelbraun. Die Tiere haben leuchtend orange oder gelbe Achsel- und Hüftflekken. Die Farbe der Flecken scheint geschlechtsspezifisch zu variieren. Die Haut ist stark granuliert. Aufgrund des großen Verbreitungsgebietes sind zahlreiche geographische Farbvarianten bekannt. Innerhalb der einzelnen Populationen sind die Frösche in ihrer Färbung aber ziemlich einheitlich (vgl. hierzu auch HENZL & HÖDL, 1994).

Terrarium: Typ II und IV. Wenn die Frösche höher gelegene Plätze vorfinden, dann klettern sie auch sehr gerne im Terrarium umher.

Biologie, Haltung und Zucht: Morgens und nachmittags hört man die Männchen oft stundenlang rufen. Nähert sich ein paarungswilliges Weibchen, so kann es schon außerhalb des Laichhäuschens zum Kopfamplexus kommen. Die Paarung kann einige Stunden dauern, bis das Weibchen den Ablageplatz verläßt. Von nun an werden die 20 bis 30 Eier vom

Männchen sporadisch aufgesucht und bewässert. Es kommt vor, daß ein Männchen mehrere Gelege gleichzeitig betreut. Nach 14 bis 16 Tagen trägt das Männchen alle Larven zusammen in eine geeignete Wasseransammlung. Die Aufzucht mit Fischfutter etc. bereitet keine Probleme, jedoch sollte man die große Anzahl der Kaulquappen auf mehrere Wasserschalen aufteilen. Nach ca. 45 bis 50 Tagen gehen die Jungfrösche an Land.

Futter: Tabelle A bis I. Die Frösche sind in der Lage, sehr geschickt nach Stubenfliegen in der Luft zu springen. Frisch geschlüpfte Heimchen werden gerne gefressen.

Epipedobates pulchripectus
(SILVERSTONE, 1976)

(Früher *Phyllobates* oder *Dendrobates pulchripectus)*

Verbreitung und Lebensraum: Diese Art kommt nur im östlichen Guyanaschild in Brasilien vor. Man findet die Tiere in der Umgebung von Serra do Navio im Zentrum von Amapá. Es ist ein Bodenbewohner der Primärwälder, der bei Gefahr mit großen Sprüngen das Weite sucht und sich am Ende zwischen losem Laub versteckt.

Größe und Geschlechtsunterschiede: Die Weibchen sind mit 24 bis 30 mm ausgewachsen, die Männchen hingegen erreichen nur eine Größe von 22 bis 26 mm. Weitere Geschlechtsunterschiede sind nicht bekannt.

Beschreibung: Der braune Rücken ist stark granuliert und wird von einem gelben dorsolateralen Streifen eingefaßt. Die blauschwarzen Seiten gehen in den hellblau marmorierten Bauch über. Ein gelber Streifen zieht sich von der Oberlippe bis zu den Vorderbeinen. Die Tiere besitzen zitronengelbe Achsel- und Hüftflecken. Die Beine sind grüngelb marmoriert.

Terrarium: Typ II und IV. Es müssen zahlreiche Verstecke vorhanden sein. Ein gut bepflanztes Terrarium gibt den Fröschen zwar die nötige Sicherheit, aber man sieht die scheuen Tiere nur sehr selten.

Biologie, Haltung und Zucht: *Epipedobates pulchripectus* ist eine sehr scheue, versteckt lebende Dendrobatidenart. Die Männchen bilden feste Reviere, die sie gegen andere Frösche, sowohl arteigene als auch artfremde, heftig verteidigen. WEYGOLDT, 1983, beschreibt, daß die Männchen von *Epipedobates pulchripectus* ihren Gegner unter laut quietschendem Angriffsruf mit der Schnauzenspitze rammen. Auch die Weibchen verteidigen ihre Verstecke.

Die Männchen rufen nur ganz früh morgens und spät abends. Das Paarungsverhalten ist ähnlich wie bei *Epipedobates pictus*. Die Brutpflege wird wieder allein vom Männchen durchgeführt. Hierbei wird das Gelege aber ständig bewacht und gewässert. Das Männchen sitzt häufig über dem Gelege. Die Entwicklung der 9 bis 16 Eier dauert etwa 24 bis 28 Tage. Auch hier werden alle Larven vom Männchen zum Wasser gebracht. Die Entwicklung der Kaulquappen dauert ca. 55 bis 65 Tage. Die Fütterung erfolgt auch wiederum mit Fischfutter. Da die Kaulquappen das Futter sehr gerne von der Wasseroberfläche aufnehmen, empfiehlt sich das Verfüttern von Zierfischfutterflocken. Die Jungfrösche fressen Springschwänze und kleine Drosophila.

Futter: Tabelle A bis I.

Epipedobates tricolor
(BOULENGER, 1899)

(Früher *Phyllobates* oder *Dendrobates tricolor,* ferner wird die ehemalige Art *Phyllobates* oder *Dendrobates anthonyi* auch als *Epipedobates tricolor* angesehen)

Verbreitung und Lebensraum: Diese Art kommt aus Ecuador. Die Tiere leben dort an der Pazifikseite der Anden in mittleren Höhenlagen zwischen 1200 bis 1800 m. Dies ist ein etwas trockeneres Biotop mit starker Sonneneinstrahlung. Die Frösche leben an feuchten Stellen verborgen unter Steinen usw., aber immer in der Nähe von Flußläufen.

Größe und Geschlechtsunterschiede: Die Tiere besitzen einen geschlechtlich

△ *Epipedobates pictus.*

▽ *Epipedobates pulchripectus.*

Epipedobates tricolor.

bedingten Größenunterschied. Die Männchen werden zwischen 21,5 und 23,5 mm groß, während die Weibchen 22 bis 26,5 mm erreichen.

Beschreibung: Es besteht ein deutlicher Unterschied in Farbe und Muster zwischen Wildtieren und Nachzuchttieren. Wildformen haben eine stark rötliche Grundfärbung, und über dem Rücken erstreckt sich ein breiter gelblich weißer Streifen. Bei den Weibchen soll dieser Streifen breiter sein als bei den Männchen. Die Beine sind sehr hell gesprenkelt. Desgleichen sind auch an der Seite helle Längsstreifen.

Nachzuchten besitzen dunklere Farbtöne und nur noch schmale Längsstreifen am Körper. Es überwiegt der dunkelbraune Grundton. Einige unserer Tiere haben statt gelblich weißer türkisfarbene Streifen.

Terrarium: Typ I bis V. Die Frösche kann man unter den verschiedensten Bedingungen halten und auch zur Nachzucht bringen. Es sollten verschiedene Laichbehälter angeboten werden. Die Tiere legen ihre Eier in Laichhäuschen ab, genauso gut wie in schwarzen Filmdosen. Eine zeitweise trockenere Haltung ist angebracht.

Biologie, Haltung und Zucht: Diese Art kann mit gutem Gewissen jedem Anfänger empfohlen werden. Das laute helle Trillern der Männchen gleicht dem Gesang eines Kanarienvogels. Bei Temperaturen zwischen 23 und 25 °C und einer relativen Luftfeuchtigkeit von 80 bis 100 % sind die Tiere das ganze Jahr über in Fortpflanzungsbereitschaft. Eine etwas kühlere trockenere Phase von mehreren Wochen verschafft den Tieren eine Ruhepause. Mehrere Männchen stimulieren sich gegenseitig mit ihren Rufen. Da die Art ein starkes Revierverhalten besitzt, muß man bei der Besetzung eines Terrariums Vorsicht walten lassen, denn auch die Weibchen beteiligen sich an den Revierkämpfen. Diese werden eher heftig durch Kopfstoßen bis hin zum Klammern und Auf-den-Boden-Drücken geführt. Auch das Auffressen fremder Eier und Larven kommt vor.

Die Weibchen werden durch das Trillern der Männchen angelockt. Wenn der Sichtkontakt vorhanden ist, wird das Männchen sichtbar nervös. Es setzt sich in Richtung des Weibchens und trillert mit hocherhobenem Kopf. Handelt es sich um ein ablaichbereites Weibchen, so führt das Männchen zum Laichplatz und trillert wieder. Das Weibchen prüft den Platz. Dann kommt es zum beiderseitigen Anheben der Beine. Danach springt das Männchen auf das Weibchen, wobei es einige krächzende Laute ausstößt. Es kommt zu einem Kopfamplexus und dann zur Eiablage. Danach verläßt als erster das Männchen den Ablaichplatz. Dieser kann im Terrarium ein umgedrehter Blumentopf über einer Petrischale, eine schwarze Filmdose oder ein Bromelienblatt sein.

Nach einiger Zeit kommt das Männchen zurück und versorgt das aus bis zu 40 Eiern bestehende Gelege (in der Regel legen die Weibchen jedoch wesentlich weniger Eier). Nach 9 bis 15 Tagen läßt das Männchen die schlängelnden Larven auf den Rücken kriechen und trägt sie manchmal mehrere Tage mit sich herum, bevor er eine geeignete Wasserstelle gefunden hat. Dort werden die Kaulquappen ins Wasser entlassen. Sie ernähren sich von allem, was freßbar ist. Da die Larven nicht kannibalistisch veranlagt sind, können sie zusammen aufgezogen werden. Es sollte aber genügend Platz im Wasserteil vorhanden sein. Befinden sich zu viele Kaulquappen dort, sollten einige entnommen und separat aufgezogen werden. Bei guter Fütterung benötigen sie ca. 40 bis 60 Tage bis zur Metamorphose. Die Wassertemperatur kann bei 23 bis 25 °C liegen. Sobald die Vorderbeine durchgebrochen sind, muß man den Fröschen die Möglichkeit geben, ein Landteil aufzusuchen. Da diese Art sehr produktiv ist, kann ein Weibchen in einem Jahr über 800 Eier legen. Hierbei ist es natürlich sehr wichtig, daß die Weibchen optimal mit Vitaminen und Mineralstoffen versorgt werden. Die Aufzucht der Jungfrösche verursacht keine Probleme.

Futter: Tabelle A bis J. Die Frösche fressen alles, was sie gerade noch ins Maul bekommen.

Epipedobates zaparo
(SILVERSTONE, 1976)

(Früher *Phyllobates* oder *Dendrobates zaparo*)

Verbreitung und Lebensraum: Die Art kommt aus Ecuador und dort aus dem Gebiet um das Pastaza- und Napo-Flußsystem. Ferner wurde die Art von SCHULTE, 1986, erstmals auch für Peru und dort am Rio Pastaza nachgewiesen. Hier leben sie an der Ostküste der Anden in der Laubschicht des feuchten Montanwaldes. Die Temperaturen liegen zwischen 17 °C nachts und 28 °C am Tage.

Größe und Geschlechtsunterschiede: Mit über 30 mm sind die Weibchen ausgewachsen. Die Männchen bleiben etwas kleiner.

Beschreibung: Die Art hat eine stark granulierte Haut. Beide Geschlechter haben eine dunkelgraue bis schwarze Kehle und Brust. Der Rücken ist rehbraun. Die Seiten sind schwarz und werden durch einen weißen Streifen vom blau gesprenkelten Bauch getrennt. Die Gliedmaßen sind grau-blau abgesetzt. Die Hinterbeine sind ebenfalls stark granuliert. Die Frösche besitzen rudimentäre Spannhäute zwischen den 2., 3. und 4. Zehen.

Terrarium: Typ II und III. Der Boden sollte mit einer Laubschicht ausgelegt sein. Ein Wasserlauf kann vorhanden sein.

Biologie, Haltung und Zucht: *Epipedobates zaparo* ist ein reiner Regenwaldbewohner. Die Tiere leben überwiegend in der Nähe flacher, langsam fließender Bachläufe, in die sie bei Gefahr flüchten. Hier werden auch die Kaulquappen abgesetzt.

Futter: Tabelle A bis E. Es wird hauptsächlich Kleinstfutter aufgenommen.

Mannophryne herminae
(GARMANN, 1887)

Verbreitung und Lebensraum: Die Art findet man nur auf dem Festland von Venezuela. Sie wird in den Terrarien oft mit der sehr nah verwandten Art *Mannophryne trinitatis* von den Inseln Trinidad und Tobago verwechselt, die in ihren Anforderungen und in ihrer Biologie *M. herminae* gleicht. Sie leben immer in der Nähe von schwach fließenden Bächen. Hier sitzen sie zwischen Steinen und Wurzeln sowie im Laub und alten Krabbenlöchern. Die Temperaturen liegen am Tage bei 26 °C und gehen teilweise nachts bis auf unter 20 °C zurück. Die Regenzeit dauert von Juni bis November.

Größe und Geschlechtsunterschiede: Die Geschlechter weisen einen deutlichen Größenunterschied auf. Die Männchen erreichen eine Größe von nur 20 bis 25 mm und die Weibchen von 28 bis 35 m.

Die Männchen besitzen eine schwarze Kehlfärbung, und die Weibchen eine gelbe mit einem schwarzen Querstreifen.

Beschreibung: Die Grundfärbung reicht von dunkelbraun bis graugrün. Auf dem Rücken zeigen sie ein Muster aus dunklen unregelmäßigen Flecken und Strichen. Der Bauch ist hell abgesetzt. Ein dorsolateraler Streifen (seitlich am Rücken) reicht von der Schnauzenspitze über das Auge bis zum After. Die Tiere haben eine horizontale Pupille. Die Zehen besitzen Haftscheiben.

Terrarium: Typ III und V. Die Tiere benötigen langsam fließendes Wasser. Damit man nicht ständig das Wasser wechseln muß, sollte der Wasserlauf über einen Filter gereinigt werden. Es reicht aber auch eine Pumpe aus, um die nötige Wasserbewegung herzustellen.

Biologie, Haltung und Zucht: Die Männchen locken oft durch stundenlanges Rufen ein laichbereites Weibchen an. Die Paarung vollzieht sich in einem Versteck, wobei die Eier in den meisten Fällen auf eingerollte Blätter abgelegt werden. Im Terrarium legen die Weibchen auch in Petrischalen oder auf Eichenblätter unter Laichhäuschen ihre Eier ab. Es können bis zu 30 Eier sein, die das Männchen bewacht und bewässert. Nach ca. 13 bis 18 Tagen werden die gesamten Kaulquappen vom Männchen aufgenommen und zu einer Wasserstelle transportiert. Die Larven können zusammen aufgezogen werden. Bei guter Ernährung (alle Sorten von Fischfutter, Kaninchenpellets etc.) und einer Wassertemperatur von 24 bis 25 °C benötigen die Kaulquappen bis zum fertigen Frosch ca. 65 bis 100 Tage. Da die Larven ein sauerstoffreiches Wasser benötigen, sollte das Wasser häufig gewechselt werden und zusätzlich mit einem Sprudelstein Luft zugeführt bekommen.

Futter: Tabelle A bis G, Aufzuchtfutter A bis E.

Minyobates bombetes
MYERS & DALY, 1980

(Früher *Dendrobates bombetes*)

Verbreitung und Lebensraum: Die Art bewohnt nur ein kleines isoliertes Verbreitungsgebiet in Kolumbien. Bisher wurden nur vereinzelt Exemplare in einem lichten Waldgebiet sowie auf angrenzenden Viehweiden gefunden. Dieses Gebiet liegt in einer Höhe von 670 bis 780 m. Die Frösche leben sowohl in der Laubschicht der Wälder als auch in der trockenen, mit Gras, Kakteen und Bromelien bewachsenen Landschaft.

Größe und Geschlechtsunterschiede: Die Art wird 16 bis 20 mm groß, wobei die Endgröße nur von den Weibchen erreicht wird. Weitere Geschlechtsunterschiede sind nicht bekannt.

Beschreibung: Die dunkelrote Kopfzeichnung zieht sich in zwei Bändern

Epipedobates zaparo.

rechts und links neben dem Rückgrat bis zum hinteren Rückenbereich. Der restliche Rückenbereich und die Hinterbeine sind dunkel- bis schokoladenbraun gefärbt. An den Seiten und unter dem Bauch wird die braune Färbung durch große gelbe Flecken unterbrochen. Die Oberseite der Vorderbeine ist rot, und der Rest ist braun mit kleinen gelben Punkten.

Terrarium: Typ II. Die Frösche benötigen ein etwas trockeneres Terrarium. Es müssen aber immer ein Wasserteil und feuchte Verstecke vorhanden sein, damit die Tiere ausreichend Feuchtigkeit aufnehmen können.

Biologie, Haltung und Zucht: Die Art ist ein Hochlandbewohner, was bei der Haltung unbedingt berücksichtigt werden muß. So sollten die Frösche bei Temperaturen von tagsüber 20 °C und einer gewissen Nachtabsenkung gepflegt werden. Von einer erfolgreichen Zucht ist bisher nichts bekannt. JÖRGENS (mündl. Mitt.) fand mehrere Tiere auf einer kleinen Waldinsel im kühlen Bergregen-

wald. Am Boden befand sich eine dicke Laubschicht, an den Baumstämmen gab es zahlreiche Bromelien. Dorthin tragen auch die Männchen vermutlich ihre Kaulquappen.

Futter: Tabelle A bis D.

Minyobates fulguritus
(SILVERSTONE, 1975)

(Früher *Dendrobates fulguritus*)

Verbreitung und Lebensraum: Es sind nur zwei voneinander isolierte Populationen bekannt. Die eine liegt in Zentralpanama, und die andere befindet sich im Westen von Kolumbien. Neueste Freilanduntersuchungen sprechen aber dafür, daß das Verbreitungsgebiet wesentlich größer ist (JÖRGENS mündl. Mitt.). Es handelt sich immer um tropische Regenwälder, in denen die Tiere hauptsächlich am Boden angetroffen wurden. Die Frösche können sehr gut klettern und wurden auch mehrere Meter hoch an den Stämmen der

△ *Mannophryne herminae.* ▽ *Minyobates bombetes.*

Bäume gefunden. Die Wälder liegen in Höhenlagen zwischen 160 und 800 Metern.

Größe und Geschlechtsunterschiede: Die Frösche erreichen eine maximale Größe von 13,5 bis 20 mm. Dieses ist sowohl geschlechts- als auch populationsabhängig.

Beschreibung: Auf schwarzer bis tiefschwarzer Grundfärbung zeigen die Pfeilgiftfrösche eine unregelmäßige Streifenzeichnung. Die Tiere aus Panama weisen eine eher grünliche und die Tiere aus Kolumbien eine eher gelbe Zeichnung auf. Auch die Gliedmaßen sind in denselben Farben gemustert.

Terrarium: Typ I und IV. Eine Laubschicht und ein kleines Wasserbecken sowie einige Bromelien sollten vorhanden sein.

Biologie, Haltung und Zucht: KÜLPMANN (mündl. Mitt.) beobachtete an seinen Tieren im Terrarium nur eine geringe innerartliche Aggressivität, so daß mehrere Tiere vergesellschaftet werden können. Die Weibchen legen ihre 3 bis 4 Eier hauptsächlich auf Bromelienblätter in der Nähe der wassergefüllten Trichter ab. Auch bei dieser Art transportiert das Männchen die Larven einzeln in die Blattachseln. Die künstliche Aufzucht ist leicht möglich. Jedoch müssen die Larven wegen ihrer kannibalistischen Veranlagung einzeln aufgezogen werden. Als Nahrung erhalten sie die verschiedenen Sorten Zierfischfutter etc. Nach ca. 90 Tagen gehen die frisch umgewandelten Jungfrösche an Land.

Futter: Tabelle A bis D. Frisch geschlüpfte Heimchen werden auch gefressen.

Minyobates minutus SHREVE, 1935

(Früher *Dendrobates minutus*)

Verbreitung und Lebensraum: Von Costa Rica über Panama bis nach Kolumbien hinein ist diese Art zu finden. Es sind überwiegend Bodenbewohner der tropischen Regenwälder. Sie leben in der Laubschicht und auf etwas höheren Baumstämmen und Wurzeln. Da sie in Höhenlagen bis 1000 m vorkommen, sind auch die Temperaturen recht unterschiedlich. Tiere

aus Höhenlagen sollten nicht bei Temperaturen von über 25 °C gepflegt werden. Für die anderen Formen sollte ein Temperaturbereich zwischen 24 und 28 °C mit einer Nachtabsenkung um 2 bis 4 °C gewählt werden.

Größe und Geschlechtsunterschiede: Die Art gehört zu den kleinsten Dendrobatiden. Die Tiere sind mit 12 bis 15,5 mm ausgewachsen. Ein etwas unsicheres Geschlechtsmerkmal sind die etwas vergrößerten Fingerscheiben der Männchen. Die Weibchen sind im Bauchbereich fülliger.

Beschreibung: Die Grundfärbung ist schwarz oder braun. Ein Dorsolateralstreifen (seitlich am Rücken) kann gelb, orange oder auch golden gefärbt sein. In der gleichen Farbe weisen die Frösche einen unterbrochenen Seitenstreifen auf. Auf dem Bauch und an den Flanken haben die Tiere eine blauweiße Marmorierung.

Terrarium: Typ II und IV. Für die paarweise Pflege eignen sich kleinste Terrarien, die neben einem Wasserteil auch eine Bromelie beinhalten sollten.

Biologie, Haltung und Zucht: Im natürlichen Biotop sind die Frösche nicht sehr scheu. PIEPER (mündl. Mitt.) fand die Tiere meistens in der Laubschicht offen sitzend oder umherhüpfend. Die Art ist sehr standorttreu, und die Reviere werden von den Männchen heftig verteidigt. Gemessen an ihrer geringen Größe, rufen die Frösche recht laut. Die Gelege bestehen in der Regel aus zwei Eiern (PIEPER, mündl. Mitt.). Das Männchen transportiert die Larven zu den Wasserstellen. Es wird immer nur eine Kaulquappe transportiert. Die Larven können einzeln mit Fischfutter aufgezogen werden.

Futter: Tabelle A bis D.

Minyobates viridis MYERS & DALY, 1976

(Früher *Dendrobates viridis*)

Verbreitung und Lebensraum: Die Art stammt aus Kolumbien. Die Frösche wurden entlang der Cordillera Occidental in Höhen von 100 bis 200 m und 850 bis 1200 m gefunden. Die Frösche leben auf dem Boden, häufig auf frisch gerodeten Flächen am Rande der Regenwälder.

Diese Flächen werden auch intensiv für die Landwirtschaft genutzt. Der Bodengrund ist stark bemoost und mit Kräutern überwuchert. Die Art lebt hier mit *Dendrobates lehmanni* sympatrisch (JÖRGENS, mündl. Mitt.). Ein weiteres Vorkommen liegt im Tieflandregenwald von Quebrada Guangui in einer Höhe von 100 bis 200 m.

Größe und Geschlechtsunterschiede: Die Tiere erreichen eine Größe von 14 bis 15,2 mm. Geschlechtsunterschiede sind nicht bekannt.

Beschreibung: Die Frösche sind einfarbig dunkelgrün gefärbt. Sie haben eine leicht granulierte Haut.

Terrarium: Typ II und IV. Da die Frösche in verschiedenen Höhenlagen vorkommen, sind auch die Temperaturansprüche unterschiedlich. Der Temperaturbereich sollte zwischen 20 und 25 °C gewählt werden. Eine geringfügige Nachtabsenkung ist sinnvoll, hier reicht häufig schon das Ausschalten der Beleuchtung aus. Da es sich um reine Bodenbewohner handelt, sollten einige Versteckplätze und eine Laubschicht dort vorhanden sein.

Biologie, Haltung und Zucht: Bisher gibt es nur Freilandbeobachtungen, aus denen man Schlüsse auf die Haltung im Terrarium ziehen kann. Da die Art teilweise mit *Dendrobates lehmanni* sympatrisch vorkommt, kann sie vermutlich unter gleichen Bedingungen gepflegt werden.

Futter: Tabelle A bis D.

Minyobates virolinensis RUIZ-CARRANZA & RAMIREZ-PINILLA, 1992

Verbreitung und Lebensraum: Die Art stammt aus einem Bergregenwald in einer Höhe von etwa 1750 bis 1830 m, gelegen in den kolumbianischen Ostanden in der Nähe der Stadt Bucaramanga.

Größe und Geschlechtsunterschiede: Die Art erreicht etwa eine Länge von 14 bis 20 mm. Dabei werden die Weibchen deutlich größer als die Männchen.

Beschreibung: Es handelt sich um eine der kleinsten und schönsten Dendrobatenarten. Vom Kopf her zieht sich bis etwa zur Mitte des Rückens eine leuchtend rote Färbung.

Terrarium: Typ II oder IV. Das Terrarium sollte dicht mit zahlreichen Bromelien und Epiphyten bepflanzt sein. Die Temperaturen sollten tagsüber etwa 22 °C betragen und nachts auf 16 °C sinken.

Biologie, Haltung und Zucht: Über diese sehr seltene Art ist noch nicht viel bekannt. TORRES (1995) gelang bereits die Nachzucht im Terrarium. Bereits früh morgens beginnen die Männchen zu rufen. Die Weibchen legen ihre aus 1 bis 2 Eiern bestehenden Gelege an sehr versteckten Plätzen ab. Auch bei dieser Art scheint das Männchen die Gelege zu betreuen und den späteren Larventransport zu übernehmen. Nach 15 Wochen ging der erste Jungfrosch bei künstlicher Aufzucht an Land.

Futter: Tabelle A bis D.

Phobobates (Epipedobates) bassleri (MELIN, 1941)

(Früher *Phyllobates* oder *Dendrobates bassleri*)

Verbreitung und Lebensraum: Die Frösche bewohnen eine Bergkette in Peru, wo sie in einer Höhenlage von 500 bis 1100 m vorkommen. Hier leben sie am Boden des feuchten Montanwaldes. Die Temperaturen liegen bei 19 bis 26 °C. An offenen Stellen im Wald sind häufig nur die Männchen anzutreffen, wenn sie die fertigen Larven in temporären Gewässern absetzen. Die Weibchen leben häufig sehr versteckt.

Größe und Geschlechtsunterschiede: Die Weibchen erreichen eine Größe von 43 mm und wirken recht korpulent. Die Männchen bleiben etwas kleiner und schlanker. Weitere Geschlechtsunterschiede sind nicht vorhanden.

Beschreibung: Die Grundfärbung ist schwarz. Der Kopf und der Rücken sind grüngelb bis gelb oder auch orange gefärbt. Im hinteren Rückenbereich ist von dieser Färbung nur noch eine Sprenkelung vorhanden. Ein breiter dorsolateraler Streifen (seitlich am Rücken) ist fast immer sichtbar. Der Bauch ist dunkelblau

△ *Minyobates fulguritus.*　　　　　　　　　　　　　　　　▽ *Minyobates minutus.*

△ *Minyobates viridis.*

▽ *Phobobates (Epipedobates) bassleri.*

gesprenkelt. Die Hautoberfläche ist stark granuliert, an der Unterseite etwas schwächer.

Terrarium: Typ II und IV. Das Terrarium sollte recht geräumig sein und einige höher gelegene Plätze aufweisen. Zur Bepflanzung eignen sich neben Bromelien vor allem großblättrige Rankpflanzen. Die Frösche verbringen dort sehr häufig die Nacht.

Biologie, Haltung und Zucht: Die Frösche sind sehr scheu und gefräßig. Eine paarweise Haltung ist für eine erfolgreiche Zucht sehr wichtig. Nur in großen Terrarien über 0,5 m² Grundfläche kann man mehrere Tiere vergesellschaften. In kleinen Terrarien kommt es vor, daß das dominierende Weibchen andere unterdrückt. Die Männchen stimulieren sich gegenseitig mit ihren Rufen. Die laichbereiten Weibchen laufen auf das rufende Männchen zu, und es kommt bei der Paarung zum Kopfamplexus. Dieses vollzieht sich meistens unter einer umgestülpten Blumen- oder Kokosnußschale. Darunter sollte eine Petrischale stehen. Es können bis zu 50 Eier abgelegt werden. Bei STOCKEY (mündl. Mitt.) wurden sogar 52 Eier von einem Weibchen abgelegt. Diese werden vom Männchen gewässert und auch gut bewacht. Hierfür sitzen sie fast ständig über den Eiern. *Phobobates (Epipedobates) bassleri* ist aber auch als Laichfresser bekannt. Andere Frösche, die in die Nähe des Geleges kommen, werden heftig mit der Schnauze attackiert. Das Männchen transportiert die Kaulquappen auf dem Rücken zum Wasser. Entweder entfernt man die Eier kurz vor dem Schlupf, um sie gemeinsam in einem kleinen Aquarium aufzuziehen, oder man fängt sie später aus dem Wasserbecken im Terrarium heraus.

Wenn das Wasserteil groß genug ist und über einen Filter gesäubert wird, kann man die Kaulquappen auch darin belassen. Gefüttert werden sie mit allen herkömmlichen Fischfuttersorten. Die Wassertemperatur sollte bei 25 °C liegen. Die Larven benötigen unter diesen Bedingungen bis zur Metamorphose ca. 6 bis 8 Wochen. Bei guter Fütterung sind die Jungfrösche mit 12 bis 14 Monaten geschlechtsreif. Die

Vitaminisierung der Futtertiere ist hierbei selbstverständlich und auch unbedingt nötig. Schon nach 9 Monaten beginnen die jungen Männchen zu rufen. Es ist ein lautes Trillern, wobei der Paarungsruf aus einigen aufeinanderfolgenden Pfiffen besteht.

Futter: Tabelle A bis K, Aufzuchtfutter A bis E. Die Frösche fressen alles, was sie bewältigen können.

Es können von ausgewachsenen Tieren recht große Futterbrocken bewältigt werden. Bei einem der Autoren wurden sogar frisch geschlüpfte Taggeckos *Phelsuma flavigularis* gefressen.

Phobobates (Epipedobates) silverstonei (MYERS & DALY, 1979)

(Früher *Phyllobates* oder *Dendrobates silverstonei*)

Verbreitung und Lebensraum: Die Art lebt an einem Gebirgszug in Peru, der Cordilliera Azul. Es sind Bodenbewohner, die nur im feuchten Montanwald in 1300 bis 1800 m Höhe vorkommen. Bedingt durch diese Höhe ist es meistens etwas kühler in ihrem Lebensraum. Die Temperaturen liegen im Jahresmittel bei 18 bis 20 °C am Tage und 16 bis 17 °C in der Nacht, selbst in den Sommermonaten steigen sie höchstens mal auf 25 bis 28 °C an. Die relative Luftfeuchtigkeit beträgt in Bodennähe über 90 %. Da der Gebirgszug häufig im Nebel liegt, ist die Umgebungsfeuchtigkeit sehr hoch.

Größe und Geschlechtsunterschiede: Die Tiere erreichen eine maximale Größe von 42,5 mm, wobei die Männchen etwas kleiner bleiben. Sie sind in der Regel auch etwas schlanker.

Beschreibung: Die Grundfärbung ist ein leuchtendes Rot bis Orange. Die meisten Tiere besitzen auf dem Rücken schwarze Linien und Punkte. Es gibt aber auch Tiere, deren Rücken einfarbig rot oder orange gefärbt ist. Die Hinterbeine sind bis auf die Oberschenkel schwarz, und die Vorderbeine sind rot oder orange gefärbt. Die Unterseite und die Kehle sind bei vielen Tieren ebenfalls schwarz. Die Haut ist sehr stark granuliert.

Terrarium: Typ II und IV. Der Größe entsprechend benötigen die Tiere ein Terrarium mit einer großen Bodenfläche. Eine Einrichtung sollte das Terrarium in verschiedenen Etagen unterteilen, dies kann man durch eine Bepflanzung mit großblättrigen Pflanzen und einigen in einer einheitlichen Höhe aufgebundenen Bromelien erreichen.

Biologie, Haltung und Zucht: Die Art scheint gegenüber hohen Temperaturen sehr empfindlich zu sein. In der Natur stehen den Tieren immer kühlere Rückzugsgebiete zur Verfügung. Der Ruf der Frösche im Biotop ähnelt einem langsamen Trillern von 20 bis 30 Sekunden Dauer. In der Natur rufen die Frösche hauptsächlich früh morgens und spät abends ab 18 Uhr.

Die Tiere laichen in den bekannten Laichhäuschen ab (umgestülpte Blumen- oder Kokosnußschale auf einer Petrischale). Sie müssen darin aber aufrecht sitzen können. Die Tiere laichen das ganze Jahr über ab. Die Art ist sehr produktiv, ein Weibchen kann über 40 Eier ablegen. Das Männchen übernimmt den Transport aller Larven mit einem Mal.

Die Aufzucht der Kaulquappen kann gemeinsam erfolgen. Sie sollten aber bei zu großer Anzahl auf mehrere Aquarien aufgeteilt werden. Gefüttert werden die Larven mit Fischfutter etc.

Die Wassertemperaturen wurden von LÜLING, 1971, im Biotop mit 17 bis 20 °C angegeben. SCHULTE, 1981, spricht von Schwierigkeiten bei der Jungfroschentwicklung (Wachstumsstillstand, Nahrungsverweigerung). Hier müssen noch einige Forschungsergebnisse zusammengetragen werden. Aber auch die Intensität der Farben ist bei den Nachzuchten wesentlich geringer. Die Frösche bekommen nicht dieses kräftige Rot, sondern sind oft gelblich bis orange gefärbt. Die Jungfrösche besitzen eine braune Jugendfärbung. Eine ausreichende Versorgung der Jungfrösche mit Vitaminen und Mineralstoffen ist äußerst wichtig.

Futter: Tabelle A bis K. Die Frösche überwältigen auch sehr große Futtertiere.

Phobobates (Epipedobates) trivittatus
(SPIX, 1824)

(Früher *Phyllobates* oder *Dendrobates trivittatus*)

Verbreitung und Lebensraum: Diese Art besitzt ein sehr großes Verbreitungsgebiet. Es reicht von Peru, Kolumbien, Ecuador über Brasilien bis in die Tiefländer des Guyana-Schildes. Die Frösche sind reine Bodenbewohner der Regenwälder, die eine ähnliche Lebensweise führen wie *Phobobates (Epipedobates) silverstonei*. Sie wurden bisher aber nur in Höhen bis 700 m gefunden. Es ist eine sehr scheue Art. Doch sieht man die Tiere in großen Terrarien häufiger offen sitzen.

Größe und Geschlechtsunterschiede: Die Größe liegt bei 31,5 bis 49,5 mm, wobei dies geschlechtlich und populationsabhängig ist. Nur die Weibchen erreichen die oberen Werte. Die Männchen sind geringfügig kleiner und schlanker.

Beschreibung: Die Art stammt aus der gleichen Gruppe wie *Phobobates (Epipedobates) basslleri* und *P. (E.) silverstonei* und hat auch eine stark granulierte Haut. Der meistens einfarbig schwarze Rücken wird seitlich von zwei grünen, grüngelben oder auch gelben Streifen eingefaßt. Es gibt aber auch Tiere, bei denen der Kopf und der Rücken grün gefärbt sind und sich diese Färbung lediglich im hinteren Teil verliert. Die Beine sind grünlich, manchmal mit einer leichten Marmorierung. Der Bauch ist schwarz mit grünen oder blaugrünen Flecken. Innerhalb dieses Farbspektrums können auch andere Zusammensetzungen von Farben vorkommen. Es sind mindestens drei verschiedene Farbvarianten bekannt, so z. B. eine Form mit einem medianen Rückenstreifen.

Terrarium: Typ II und IV. Der Größe entsprechend benötigen die Tiere riesige Terrarien. Es sind gewaltige Springer. Eine dichte Bepflanzung gibt den Tieren ein Gefühl der Sicherheit.

Biologie, Haltung und Zucht: Auch diese Art ist in der Nachkommenschaft sehr produktiv. Pro Gelege werden bis zu 30 Eier, selten mehr, abgesetzt. Die Ablaichhäuschen müssen der Größe der Tiere entsprechen. Die Kaulquappen sind

Phobobates (Epipedobates) silverstonei.

nicht kannibalistisch und können zusammen aufgezogen werden. Nach ca. 90 Tagen verlassen die frisch umgewandelten Nachzuchten das Wasser und können in dicht bepflanzten Becken großgezogen werden. Nach etwa einem Jahr sind die Tiere geschlechtsreif.

Futter: Tabelle A bis K. Die Frösche fressen alles, was sie bewältigen können.

Phyllobates aurotaenia
(BOULENGER, 1913)

Verbreitung und Lebensraum: Die Art kommt aus dem Choco-Gebiet in Kolumbien. Es handelt sich um typische Bodenbewohner des Flachlandregenwaldes.

KÜLPMANN (mündl. Mitt.) fand die Tiere immer in der Laubschicht, meist in der Nähe stehender und langsamfließender flacher Gewässer. Die Temperaturen im Biotop betrugen tagsüber 24 bis 25 °C und gingen nachts nur leicht zurück.

Größe und Geschlechtsunterschiede:

Die Frösche erreichen eine maximale Größe von 23,5 bis 34 mm. Dies ist populations- und geschlechtsabhängig. So werden die Weibchen im Durchschnitt etwa 3 mm größer und im Umfang korpulenter.

Beschreibung: Die Tiere zeigen auf schwarzem Grund an jeder Seite einen grünen Lateralstreifen; die beiden Streifen laufen auf der Schnauzenspitze zusammen, im hinteren Bereich laufen sie an den Hinterbeinen aus. Die Breite der Streifen ist wieder populationsabhängig und schwankt zwischen 1 und 3 mm. Im gesamten Bauchbereich und an den Gliedmaßen haben die Frösche auf schwarzem Grund eine türkisfarbene Sprenkelung.

Terrarium: Typ II und IV. Eine etwas höhere Laubschicht mit zahlreichen Versteckmöglichkeiten sowie ein kleines Wasserteil sollten immer vorhanden sein.

Biologie, Haltung und Zucht: KÜLPMANN (mündl. Mitt.) beobachtete zwei larventragende Männchen, die jeweils eine

△ *Phobobates (Epipedobates) trivittatus.*   ▽ *Phyllobates aurotaenia.*

und drei Kaulquappen huckepack zum Wasser trugen. Überhaupt fand er keine Bromeliengewächse in ihrem natürlichen Lebensraum. Die Männchen besitzen einen sehr lauten Ruf, den man schon von weitem hören kann. Über die Haltung und Zucht ist wenig bekannt. Da die Larven ausgeprägt kannibalistisch veranlagt sind, müssen sie immer einzeln aufgezogen werden. Gefüttert werden sie mit Zierfischfutter etc. Nach etwa 75 Tagen gehen die frisch umgewandelten Jungfrösche an Land, deren Aufzucht keine weiteren Schwierigkeiten bereitet (KÜLPMANN, mündl. Mitt.).

Futter: Tabelle A bis J, Aufzuchtfutter A bis E.

Phyllobates bicolor BIBRON, 1841

Verbreitung und Lebensraum: Die Art ist auf ein kleines Verbreitungsgebiet im westlichen Kolumbien beschränkt. In Höhen von 500 bis 600 m, im Gebiet des Rio San Juan wurden Exemplare dieser Art gefunden. Es sind Bodenbewohner des tropischen Regenwaldes.

Größe und Geschlechtsunterschiede: Die Tiere erreichen eine Größe von ca. 40 mm. Die Weibchen sind gegenüber den Männchen nur an der größeren Leibesfülle zu unterscheiden.

Beschreibung: Die Frösche ähneln sehr stark der Art *Phyllobates terribilis* und werden auch immer wieder mit ihr verwechselt. Eine eindeutige Trennung ist sehr schwierig und auch umstritten. *P. bicolor* hat einen gelben bis grüngelben Oberkörper und eine dunkelgrüne bis fast schwarze Unterseite. Die Kehle sowie der Bauchansatz sind gelb gesprenkelt bis gefleckt. Die Vorderbeine sind bis zu den Ellenbogen und die Hinterbeine bis zum Körperansatz dunkelgrün gefärbt mit einer leichten gelben Sprenkelung. Die sichtbaren Trommelfelle sowie die Nasenlöcher sind schwarz gefärbt.

Terrarium: Typ II und IV. Da die Tiere sich überwiegend am Boden aufhalten, sollte die Grundfläche bei mehreren Exemplaren etwas größer gewählt werden. Die Tiere sitzen aber auch etwas erhöht

auf Wurzeln oder großblättrigen Pflanzen. Die Gelege werden sowohl in Filmdosen wie auch in Ablaichhäuschen abgelegt.

Biologie, Haltung und Zucht: Die Haltung sollte in einer Gruppe von bis zu fünf Tieren erfolgen. Ideal sind zwei Männchen und drei Weibchen. Aber auch für diese Art gilt, die besten Nachzuchtergebnisse erzielt man bei der paarweisen Pflege.

Die Gelege können mehr als 40 Eier enthalten. Diese werden weder vom Männchen noch vom Weibchen gewässert oder bewacht. Auch die anderen Tiere behelligen die Eier nicht. Es kommt immer wieder vor, daß einige Eier im Gelege verpilzen. Dieses hat aber keinen Einfluß auf die anderen Eier. Nach ca. 15 Tagen nimmt das Männchen die Larven auf und bringt sie ins Wasser. Die Aufzucht der Kaulquappen kann gemeinsam erfolgen, da sie nicht aggressiv untereinander sind. Eine Aufteilung auf mehrere Wasserbecken ist jedoch wegen der hohen Anzahl ratsam.

Futter: Tabelle A bis K, Aufzuchtfutter A bis E. Die Tiere nehmen auch sehr große Futterbrocken auf. Mittelgroße Heimchen werden sehr gerne gefressen.

Phyllobates lugubris (SCHMIDT, 1857)

Verbreitung und Lebensraum: Die Art findet man an der Atlantikküste von Costa Rica und Panama in Höhen von 0 bis 650 m. Die Tiere leben am Boden in der Laubschicht der Regenwälder. Bei einer Störung verschwinden sie sofort unter dem Laub.

Größe und Geschlechtsunterschiede: Die Tiere erreichen eine Gesamtlänge von 18 bis 23,5 mm; auch bei dieser Art bleiben die Männchen geringfügig kleiner.

Beschreibung: Auffallend sind die Dorsolateralstreifen in Gelb, Weißgelb, Orange oder Goldgelb, die den schwarzen Kopf und Rücken von den Seiten abgrenzen. Die Streifen ziehen sich über das Auge bis zur Schnauzenspitze. Die Oberseiten der Gliedmaßen sind gelb, gelbgrün oder goldfarben marmoriert. Der schwarze

Bauch kann blau, grün, weiß oder silberfarben marmoriert sein.

Terrarium: Typ IV. Eine höhere Laubschicht wird von den Tieren sehr gerne als Lebensraum genutzt. Sie verstecken sich gerne in schwarzen Filmdosen. Bei der Haltung von mehreren Tieren müssen immer genügend Versteckmöglichkeiten vorhanden sein.

Biologie, Haltung und Zucht: Die Art verhält sich ähnlich wie *Phyllobates vittatus*. Das Männchen ruft das ablaichbereite Weibchen zum Laichplatz oder lockt es bei Sichtkontakt dorthin. Ablaichhäuschen und schwarze Filmdosen werden zum Legen der Eier bevorzugt. Bei der Paarung findet kein Amplexus statt, lediglich bei der Werbung springen die Tiere manchmal auf und umkreisen sich. Die eigentliche Eiablage dauert etwa 15 bis 30 Minuten. Die 4 bis 25 Eier werden, nachdem das Weibchen den Laichplatz verlassen hat, vom Männchen befruchtet. Danach versorgt das Männchen das Gelege bis zum Schlupf der Larven. Nach etwa 10 bis 17 Tagen läßt es die Kaulquappen auf den Rücken gleiten und bringt sie in geeignete Wasseransammlungen. Im Terrarium ist dies häufig das Wasserteil. Es kommt manchmal vor, daß nicht alle Larven beim ersten Transport mitgekommen sind, dann kommt das Männchen zurück und holt die restlichen Kaulquappen. Die Aufzucht der Larven kann gemeinsam erfolgen und bereitet keine Probleme. Die Larven werden mit normalem Fischfutter etc. ernährt.

Futter: Tabelle A bis I. Mit größeren Wachsmaden haben die Tiere schon Schwierigkeiten.

Phyllobates terribilis
MYERS, DALY & MALKIN, 1978

Verbreitung und Lebensraum: Diese Art kommt aus den Gebieten des Rio Saija in Kolumbien. Es ist ein sehr begrenztes Verbreitungsgebiet. Die Tiere leben in der Laubschicht des tropischen Regenwaldes.

Größe und Geschlechtsunterschiede: Die Weibchen erreichen eine Größe von 48 mm. Die Männchen bleiben etwas kleiner und sind in der Regel auch schlanker.

Beschreibung: Die Tiere sind einfarbig gelb bis gelbgrün gefärbt. Es gibt aber auch Exemplare, die auf der Unterseite fast schwarz sind. Sehr häufig wird diese Art auch mit *Phyllobates bicolor* verwechselt. Es sind hauptsächlich die gesprenkelten Beine von *Phyllobates bicolor*, an denen man die Arten leicht unterscheiden kann.

Terrarium: Typ II, IV oder V. Trotz ihrer Größe benötigen die Frösche nicht sehr viel Raum. Ein Paar kann in einem Terrarium von L 40 × T 30 × H 30 cm gepflegt werden. Für eine gute Bepflanzung sollte allerdings gesorgt sein. Die Temperaturen können am Tage zwischen 25 und 28 °C liegen und sollten in der Nacht auf 18 bis 20 °C zurückgehen.

Biologie, Haltung und Zucht: Eine Gruppenhaltung sollte nur in größeren, gut bepflanzten Terrarien erfolgen. Bei gemeinsam aufgezogenen Jungtieren konnten wir sehr geringe Aggressionen untereinander feststellen. Auch gegenüber anderen Arten verhalten sich die Tiere eher passiv. Das Werbeverhalten ähnelt denen anderer Dendrobatiden.

Auch von dieser Art werden die Laichhäuschen sehr gerne angenommen. Die Entwicklung der Larven dauert ca. 13 Tage, dann nimmt das Männchen die Kaulquappen auf. Die Verweildauer der Larven wurde von BEUTELSCHIESS & BEUTELSCHIESS, 1986, mit mindestens 2 Tagen und maximal mit 32 Tagen angegeben. Hierbei kommt es vor, daß das Männchen Kaulquappen aus 2 Gelegen transportiert. Die Larven haften sehr fest auf dem Rücken des Männchens und lösen sich auch nicht bei Sprüngen. Bei Kaulquappen, die über einen längeren Zeitraum transportiert werden, kann ein deutliches Wachstum festgestellt werden. Wovon sich die Kaulquappen in dieser Zeit ernähren, ist noch nicht geklärt. Es liegt jedoch die Vermutung nahe, daß sie noch einen großen Dottervorrat besitzen.

Es kann alle 10 Tage zu einer Eiablage kommen. Gelege mit über 20 Eiern sind

△ *Phyllobates bicolor.*

▽ *Phyllobates lugubris.*

△ *Phyllobates terribilis.*　　　　　　　　　　　　　　▽ *Phyllobates vittatus.*

hierbei die Ausnahme. Die Aufzucht der Kaulquappen macht keine Probleme, sie können zusammen in einem größeren Aquarium aufgezogen werden.

Futter: Tabelle D bis K, Aufzuchtfutter A bis E.

Die erwachsenen Tiere fressen sehr gerne größere Futterbrocken wie halbwüchsige Heimchen. Allerdings werden auch Springschwänze genommen.

Phyllobates vittatus (COPE, 1893)

Verbreitung und Lebensraum: Die Art findet man an der Pazifikseite von Costa Rica bis nach Panama hinein. Sie ist ein typischer Vertreter des Flachlandregenwaldes. Als reiner Bodenbewohner wird man die Tiere selten in einer Höhe von über 1 m über dem Waldboden finden. Die Männchen rufen meistens aus einer sicheren Deckung heraus, z. B. unter Wurzeln, Steinen oder aus der Laubschicht. Die Temperatur liegt am Tage bei 25 bis 30 °C und geht nachts um ca. 3 bis 5 °C zurück.

Größe und Geschlechtsunterschiede: Die Weibchen sind mit 30 mm meist ausgewachsen, wogegen die Männchen geringfügig kleiner bleiben. Letztere sind auch in der Körperform etwas schlanker.

Beschreibung: Ein typisches Merkmal für diese Art sind die gelben, orange oder auch dunkelroten Dorsolateralstreifen (seitlich am Rücken), die sich bis über den Kopf ziehen und an der Schnauzenspitze zusammenkommen. Ein Medianstreifen (Rückenmitte), der aber häufig unterbrochen ist, kann vorhanden sein. Die grün marmorierten Beine heben sich deutlich vom schwarzen Körper ab.

Terrarium: Typ II, IV und V. Da die Tiere sehr anpassungsfähig sind, können sie unter verschiedenen Bedingungen gepflegt werden. Versteckplätze aus schwarzen Filmdosen oder Laichhäuschen werden gerne angenommen. Hier erfolgt auch die Ablage der Gelege. Eine Bepflanzung mit großblättrigen Pflanzen, kleinen Farnen und einigen Bromelien gibt den Tieren ein Gefühl der Sicherheit.

Biologie, Haltung und Zucht: *Phyllobates vittatus* ist ein Frosch, den man jedem Anfänger empfehlen kann. Die Tiere sind recht anspruchslos in der Pflege, lediglich einige Grundbedürfnisse müssen erfüllt sein.

Ausgewachsene Männchen besitzen ein ausgeprägtes Revierverhalten. Eindringende Männchen werden sofort angesprungen und gedrückt. Das Werbeverhalten der Männchen ist typisch entsprechend dem der anderen Dendrobatiden. Das Männchen ruft aus dem Laichhäuschen oder aus dessen Nähe. Ein laichbereites Weibchen nähert sich dem werbenden Männchen und setzt sich ihm gegenüber. Nun hüpft dieses vorweg und das Weibchen hinterher. Von Zeit zu Zeit bleibt das Männchen stehen, und das Weibchen streichelt ihm mit der Hand über den Rücken. Dieses Ritual wiederholt sich einige Male, bis der Eiablageplatz (meist ein Laichhäuschen oder eine schwarze Filmdose) erreicht ist. Während das Weibchen in der bereitgestellten Petrischale seine Eier ablegt, verläßt das Männchen den Laichplatz. Erst wenn das Weibchen weghüpft, kommt es zurück und besamt das Gelege. Von nun an kommt das Männchen regelmäßig und bewässert die bis zu 25 Eier. In der Regel bestehen die Gelege jedoch aus 8 bis 15 Eiern. Nach ca. 15 bis 20 Tagen werden die Kaulquappen vom Männchen aufgenommen und zum Wasser getragen. Häufig verweilen die Larven noch 1 bis 3 Tage auf dem Rücken des Männchens. Die Kaulquappen können gemeinsam aufgezogen werden. Gefüttert werden sie mit Fischfutter etc. Die Wassertemperatur sollte bei 23 bis 25 °C liegen. Der Wasserwechsel, am besten alle 2 Tage, ist sehr wichtig. Nach ca. 75 Tagen gehen die frisch umgewandelten Jungfrösche an Land. Bei der gemeinsamen Aufzucht der Nachzuchten sollte für ausreichende Verstecke gesorgt werden (Laubschicht, Filmdosen). Die Jungfrösche sitzen sehr gerne in größeren Gruppen zusammen.

Futter: Tabelle A bis J, Aufzuchtfutter A bis E. Die Frösche sind in der Lage, auch ausgewachsene Wachsmaden zu fressen.

Literatur

Bech, R. (1982): Pfeilgiftfrösche – Zur Haltung und Zucht von *Phyllobates vittatus* und *Dendrobates tricolor* im Terrarium. – Aquarien-Terrarien, Berlin, 29(10): 353–356.

Bechter, R. (1978): „Das Ei des Kolumbus". Zur Nachzucht von *Dendrobates pumilio* und *Dendrobates lehmanni*. – Aquarienmagazin, Stuttgart, 12(6): 273–276.

Bechter, R. & J. Lescure (1982): *Dendrobates quinquevittatus*; Fortpflanzungsverhalten im Terrarium und Vielgestaltigkeit der Art, Teil 1. – herpetofauna, Weinstadt, 21: 26–30.

– (1983): *Dendrobates quinquevittatus*; Fortpflanzungsverhalten im Terrarium und Vielgestaltigkeit der Art, Teil 2. – herpetofauna, Weinstadt, 22: 28–32.

Beutelschiess J. & Ch. Beutelschiess (1983): *Dendrobates speciosus* - ein Rubin im Terrarium. – herpetofauna, Weinstadt, 25: 6–8.

– (1986): Beobachtungen an *Phyllobates terribilis* im Terrarium. – Sauria, Berlin, 8(2): 7–11.

– (1986): Bemerkungen zur Aufzucht von Kaulquappen. – Sauria, Berlin, 8(4): 7–11.

– (1991): Bemerkungen zu Krankheiten bei Anuren während der Terrarienhaltung. – Vortragsmanuskript, Amphibienforschungen, 60–62.

Birkhahn, H. (1991): Neue Erkenntnisse über die Aminosäureversorgung bei Dendrobaten. – herpetofauna, Weinstadt, 13(74): 23–28.

Birkhahn, H., V. Külpmann & K. Wassmann (1994): Zur Variabilität des Gold-Baumsteigers. – DATZ, Stuttgart, 47(9): 570–576.

Blauscheck, R. (1988): Das Paludarium. – Landbuch-Verlag Hannover.

Breder, C. M. (1946): Amphibians and reptiles of the Rio Chucunaque drainage, Darien, Panama, with notes of their life histories and habits. – Bull. of the amer. Mus. nat. Hist. New York 86(8): 380–436.

Broodman, D. (1974): Die Pflege und Zucht von *Phyllobates lugubris*. – DATZ, Stuttgart, 27(4): 131–141.

Caldwell, J. P. & Ch. W. Myers (1990): A new poison frog from Amazonian Brazil, with further revision of the *quinquevittatus group* of *Dendrobates*. – Amer. Mus. of nat. Hist. New York 2988: 1–21.

Cogger, H.G. & R.G. Zweifel (1992): Reptilien und Amphibien. – Jahr-Verlag Hamburg.

Daly, J.W., Myers, C.W. & N. Whittacker (1987): Further classification of skin alkaloids from neotropical poison frogs (Dendrobatidae), with a general survey of toxic/noxious substances in the amphibia. – Toxicon, Oxford etc., 25(10): 1023–1095.

Daly, J. W., F. Gusovsky, C. W. Myers, M. Yotsu-Yamashita & T. Yasumoto (1994): First occurrence of tetrodotoxin in a dendrobatid frog *(Colostethus inguinalis)*, with further reports for the bufonid genus *atelopus*. – Toxicon 32: 279–285.

Dathe, F. (1989): *Phyllobates vittatus* (Cope, 1893). – Aquarien-Terrarien, Berlin, 6: 4.

Dathe, F. & CH. Dedekind (1991): Erfahrungen bei der Haltung und Zucht von Venezuela-Baumsteigern, *Colostethus trinitatis* (Boulenger, 1889), im Tierpark Berlin. – Amphibienforschung 22–24.

Denzer, W. (1982). Ein Beitrag zur Biologie, Pharmakologie und Toxikologie von Reptilien- und Amphibiengiften. – herpetofauna, Weinstadt, 18: 6–12.

Duellman, W. E. (1992): Fortpflanzungsstrategien von Fröschen. – Spektrum der Wissenschaften, 9: 64–74.

– (1993): Amphibian Species of the world: Additions and Corrections. – Univ. of Kansas, Lawrence, 372 S.

Duellmann, W. E. & L. Trueb (1986): Biology of amphibians. – New York (Mc Graw-Hill Book Comp.).

Edwards, R.S. (1974): A phenetic analysis of the genus *Colostethus*. – Diss. Univ. Kansas. 419 S.

Ensinck, F. H. (1980): De kweek van *Dendrobates tincotorius*. – Lacerta, 38(10-11): 102–106.

– (1982): Pijlgiftkikkers. – Lacerta, 40 (7/8): 200–201.

Eschment, J. (1987): *Dendrobates pumilio*. – Beilage in Sauria, Berlin, 9(4): 89–92.

Fandino, M. (1993): La seleccion del Habitat para la deposicion de las larvas par los machos de *Colostethus subpunctatus* (Cope, 1899) (Anura: Dendrobatidae) e implicaciones en la sobrevivencia larval. – Diss. Univ. de los Andes Bogota.

Foyden, P. (1982): Bruttechnik: Frösche, die aufs Wasser pfeifen. – Geo, Hamburg, 7: 66–69.

Friederich, U. & W. Volland (1981): Futtertierzuchten. – Ulmer-Verlag, Stuttgart.

Gerth, J. (1988): Beobachtungen an Albinos bei *Dendrobates tricolor* (Boulenger, 1899). – Tagungsmat. Amphibien, 36–38.

Graeff, D. & R. Schulte (1980): Neue Erkenntnisse zur Brutbiologie von *Dendrobates pumilio*. – herpetofauna, Weinstadt, 2(7): 17–23.

Habermehl, G. (1983): Gift-Tiere und ihre Waffen. Springer-Verlag, Berlin.

Henkel, F. W. & W. Schmidt (1991): Geckos. – Ulmer-Verlag, Stuttgart.

Henkel, F. W. & S. Heinecke (1993): Chamäleons im Terrarium. – Landbuch-Verlag, Hannover.

Henzl, M.J. & W. Hödl (1994): Variation von m+ DNA-Sequenzen und Rufparametern bei amazonischen Dendrobatiden. – elaphe NF, 2(3): 43–44.

Heselhaus, R. (1983): Durch Nachzucht erhalten: „Raketenfrösche". – Aquarien-Magazin, Stuttgart, 17(4): 223–226.

– (1983): Zum Problem der „Streichholzbeine" bei Dendrobaten-Nachzuchten. – herpetofauna, Weinstadt, 26: 22–24.

– (1984): Pfeilgiftfrösche. – Ulmer-Verlag, Stuttgart.

– (1984): Fortpflanzung und Aufzucht des Gelbge-
bänderten Baumsteigers, *Dendrobates leucomelas*. –
Das Aquarium, Minden, 180: 313–317.

– (1986): Zur Fortpflanzung des „Zweipunkters". –
Das Aquarium, Minden, 210: 660–664.

Heusser, H. R. (1968): Höhere Froschlurche. – In:
Grzimeks Tierleben, Band V: Fische 2, Lurche, S.
403–463. – Kindler-Verlag, Zürich.

Hirsch, H. (1987): Eine besonders schöne Farbvariante von *Dendrobates histrionicus*. – DATZ, Stuttgart,
40: 323–324.

Hoogmoed, M. S. (1969): Notes of the herpetofauna
of Surinam III. – Zoologische Mededelingen, Leiden,
12: 133–141.

– (1972): Frösche, die ihre Kaulquappen huckepack
tragen. – Aquarien Magazin, Stuttgart, 6(7): 288–293.

– (1979): The herpetofaune of the Guianan Region. –
In: Duellmann, W.E. (ed.) The South American herpetofauna: Its origin, evolution and dispereal. Mo-
nogr. Mus. nat. Hist. Univ. Kansas, 7: 241–279.

Isenbügel, E. & W. Frank (1985): Heimtierkrankhei-
ten. – Verlag Eugen Ulmer, Stuttgart.

Jörgens D. (1994): Zur Kenntnis der gelb-oliven Farb-
varietät von *Dendrobates granuliferus*. – Sauria, Berlin 16(4): 15–17.

Jungfer, K.-H. (1985): Beitrag zur Kenntnis von *Dendrobates speciosus*. – Salamandra, Bonn, 21(4):
263–280.

– (1988): Froschlurche von Fortuna, Panama
II.– herpetofauna, Weinstadt, 10(56): 6–12.

– (1989): Pfeilgiftfrösche der Gattung *Epipedobates*
mit rot granuliertem Rücken aus dem Oriente von
Ecuador und Peru. – Salamandra, Bonn, 25(2): 81–98.

Kaiser H., L. Coloma & M. G. Heather (1994): A new
species of *Colostethus* (Anura: Dendrobatidae) from
Martinique, French Antilles. – Herpetologica 50(1):
23–32.

Kneller, M. (1982): Die Fortpflanzung von *Dendrobates reticulatus* im natürlichen Lebensraum und im
Terrarium. – Das Aquarium, 153: 148–151.

– (1982): Erfolgreiche Nachzucht des blauen Pfeilgiftfrosches *Dendrobates azureus* (Hoogmoed 1969).
– herpetofauna, Weinstadt, 4(19): 6–9.

– (1983): Beobachtungen an *Dendrobates fantasticus*
im natürlichen Lebensraum und im Terrarium. –
herpetofauna, Weinstadt, 5(24): 15–18.

– (1987): Beobachtungen an *Phyllobates azureiventris* im natürlichen Lebensraum und im Terrarium. –
herpetofauna, Weinstadt, 9(50): 6–8.

Kneller, M. & K. Henle (1985): Ein neuer Blattstei-
gerfrosch aus Peru. – Salamandra, Bonn, 21(1): 62–69.

Krintler, K. (1982): *Colostethus trinitatis*, ein interes-
santer Frosch von der Insel Tobago. – herpetofauna,
Weinstadt, 4 (18): 22–26.

– (1986): *Colestethus trinitatis*. – Beilage in Sauria,
Berlin, 8(1): 35–36.

– (1986): *Dendrobates tinctorius*. – Beilage in Sauria,
Berlin, 8(4): 57–60.

– (1987): *Dendrobates azureus*. – Beilage in Sauria,
Berlin, 9(2): 77–80.

– (1988): *Dendrobates auratus*. – Beilage in Sauria,
Berlin, 10(2): 109–112.

– (1992): *Phyllobates vittatus*. – Beilage in Sauria,
Berlin, 14(1-4): 247–250.

La Marca, E. (1992): Cat. Taxon. Biogeof. Bibliog.
Ranas Venezuelas: 32.

– (1994): Descripcion de un Genero nuevo de ranas
(Amphibia: Dendrobatidae) de la cordillera de meri-
da Venezuela. – Anuario de investicacion: 39–41.

Lilge, D. & H. v. Meeuwen (1979): Grundlagen der
Terrarienhaltung. – Landbuch-Verlag, Hannover.

Lötters, St. (1988): Redefinition von *Dendrobates
quinquevittatus* (STEINDACHNER, 1864) (Anura:
Dendrobatidae). – Salamandra, Bonn, 24(1): 72–74.

– (1992): Zur Variabilität von *Dendrobates lehmanni*
MYERS & DALY, 1976, aufgrund zweier neuer Farb-
formen von *Dendrobates histrionicus* BERTHOLD,
1845. – Salamandra, Bonn, 28(2): 138–144.

Lüddecke, H. (1974): Ethologische Untersuchungen
zur Fortpflanzung von *Phyllobates palmatus*. – Diss.
Univ. Mainz, 206 S.

– (1993): Gruppenhaltung des Raketenfrosches *Colostethus palmatus*. – elaphe, NF, Rheinbach, 1(3):
14–16

Lüling, K. H. (1971): Der Färberfrosch *Phyllobates
bicolor* BIBRON der Cordillera Azul (Peru). – Bonn.
zool. Beitr. 22(1/2): 161–174.

Lutz, B. (1952): Anfibios anuros na colesao Adolpho
Lutz do Instituto Oswaldo Cruz. – Mem. Do Inst.
Oswaldo Cruz, 50: 597–601.

Lynd, J.D. (1971): Evolutionary relationships, osteolo-
gy and zoogeography of leptodactyloid frogs. – Univ.
Kansas Publ. Mus. nat. Hist., Lawrence, 53: 1–238.

Markert, R. & S. Schnabel (1991): Haltung und Vermehrung einiger Dendrobatiden unter besonderer
Berücksichtigung von *Dendrobates tinctorius*
(SCHNEIDER, 1799) und *Dendrobates quinquevittatus* (STEINDACHNER, 1864). – Amphibienforschung, 25–27.

Markert, T. (1988): *Dendrobates quinquevittatus*
(STEINDACHNER, 1864), seine Haltung und Fortpflanzung im Terrarium. – Tagungsmat. Amphibien,
39–40.

Masurat, G. & W. R. Große (1991): Lurche. – Urania-
Verlag, Leipzig, 164 S.

Meede, U. (1979): *Dendrobates quinquevittatus*, ein
kleiner Vertreter der Dendrobatidae. – DATZ, Stuttgart, 32(7): 248–250).

– (1980): *Phyllobates trivittatus*, ein Färberfrosch mit
vielfältiger Zeichnung. – DATZ, Stuttgart, 33(4):
140–141.

– (1980): Beobachtungen an *Dendrobates quinquevittatus* und *Phyllobates femoralis*. – Salamandra, Frank-
furt/M., 16(1): 38–51.

Meyer, E. (1992): Erfolgreiche Nachzucht von *Dendrobates granuliferus*. – herpetofauna, Weinstadt, 14
(76): 11–21.

Mörsel, M. (1992): Arbeitsblatt *quinquevittatus*-Komplex. – Selbstverlag: 2–7.

Mudrack, W. (1969): Pflege und Zucht eines Blattsteigerfrosches der Gattung *Phyllobates* aus Ecuador. – Salamandra, Frankfurt, 5(3/4): 81–83.

Myers, C. W. (1982): Spotted poison frogs: Descriptions of three new *Dendrobates* from Western Amazonia, and Rediscription of a lost species from „Chiriqui". – Am. Mus. of nat. Hist. New York, 2721: 1–23.

– (1987): New generic names for some neotropical poison frogs (Dendrobatidae). – Papéis Dep. Zool., S. Paulo, 36(25): 301–306.

Myers, C. W. & J. W. Daly (1976): Preliminary evaluation of skin toxins and vocalizations in taxonomic and evolutionary studies of Poison Dart Frogs (Dendrobatidae). – Am. Mus. of nat. Hist. New York, 157(3): 175–262.

– (1976): A new species of poison frog *(Dendrobates)* from Andean Ecuador, including a analysis of its skin toxins. – Mus. of nat. Hist., Kansas, 59: 1–12.

– (1979): A name for the poison frog of Cordillera Azul, Eastern Peru, with notes on its biology and skin toxins (Dendrobatidae). – Am. Mus. Novit., New York, 2674: 1–24.

– (1983): Pfeilgiftfrösche. – Spektrum der Wissenschaft 4: 34–43.

Myers, C. W., J. W. Daly & B. Malkin (1978): A dangerously toxic new frog *(Phyllobates)* used by Embera indians of Western Colombia, with discussion of blowgun fabrication and dart poisoning. – Bull. amer. Mus. Nat. Hist., New York, 161(2): 307–365.

Myers, C. W., J. W. Daly & V. Martinez (1984): An arboreal Poison Frog *(Dendrobates)* from Western Panama. – Bull. am. Mus. nat. Hist. New York, 2783: 1–20.

Myers, C. W., A. Paolillo O. & J. W. Daly (1991): Discovery of a Defensively Malodorous and Nocturnal Frog in the Family Dendrobatidae: Phylogenetic Significance of a New Genus and Species from the Venezuelan Andes. – Amer. Mus. nat. Hist., New York, Nr. 3002: 32 S.

Niedermaier, E. (1988): Kurze Freude mit *Dendrobates histrionicus*. – Sauria, Berlin, 10(4): 13–14.

Nietzke, G. (1989): Die Terrarientiere I. – Ulmer-Verlag, Stuttgart.

Obst, F. J., K. Richter & U. Jacob (1984): Lexikon der Terraristik und der Herpetologie. – Landbuch-Verlag, Hannover, 466 S.

Oeser, R. (1932): Die Zucht des Baumsteigers *Dendrobates tinctorius*. – Bl. Aquar.- u. Terrarienk., Stuttgart, 43: 196–200.

Oostveen, H. (1974): Terrarienhaltung und Zucht des Blattsteigers *Phyllobates lugubris*. – Das Aquarium, Wuppertal, 64(10): 455–457.

– (1974): Prächtige Farben und Gift schützen die Baumsteiger. – Das Aquarium, Wuppertal, 55(1): 25–29.

Petzold, H.-G. (1982): Aufgaben und Probleme bei der Erforschung der Lebensäußerungen der Niederen Amnioten. – Milu Berlin, (4/5): 485–788.

Polder, W. N. (1973): Pflege und Fortpflanzung von *Dendrobates azureus* und anderer Dendrobatiden. – Aquar.- u. Terrar.-Z., Stuttgart, (12): 424–428.

– (1975): Pflege und Fortpflanzung von *Dendrobates azureus* und anderer Dendrobatiden. – Aquar.- u. Terrar.-Z., Stuttgart, (1): 28–32.

– (1975): Pflege und Fortpflanzung von *Dendrobates azureus* und anderer Dendrobatiden. – Aquar.- u. Terrar.-Z., Stuttgart, (7): 44–249.

– (1975): Pflege und Fortpflanzung von *Dendrobates azureus* und anderer Dendrobatiden. – Aquar.- u. Terrar.-Z., Stuttgart, (9): 319–323.

– (1975): Pflege und Fortpflanzung von *Dendrobates azureus* und anderer Dendrobatiden. – Aquar.- u. Terrar.-Z., Stuttgart, (11): 389–392).

– (1975): Pflege und Fortpflanzung von *Dendrobates azureus* und anderer Dendrobatiden. – Aquar.- u. Terrar.-Z., Stuttgart, (12): 424–427.

Savage, J. M. (1968): The Dendrobatid Frogs of Central America. – Copeia, New York, (4): 745–776.

Schlüter, A. (1980): Bio-akustische Untersuchungen an Dendrobatiden in einem begrenzten Gebiet des tropischen Regenwaldes von Peru. – Salamandra, Frankfurt, 16(3): 149–161.

Schmidt, G. (1994): Haltung und Zucht von Pfeilgiftfröschen. – Herpetologischer Fachverlag, Münster.

Schmidt, H. (1981): *Dendrobates tricolor* (BOULENGER, 1899) – Eine wertvolle Bereicherung unserer Tropenterrarien. – herpetofauna, Weinstadt, 11: 18–24.

Schmidt, M. (1987): Variantenreich ist der Goldbaumsteiger. – Das Aquarium, Minden, 221: 592–594.

– (1989): Der Färberfrosch, *Dendrobates tinctorius*, aus Französisch-Guyana. – Das Aquarium, Minden, 243: 567–570.

Schmidt, W. (1993): Fünfstreifenbaumsteigerfrosch. – DATZ, Stuttgart, 3: 164–167.

Schmidt, W. & F. W. Henkel (1995): Leguane. – Ulmer-Verlag, Stuttgart.

Schmidt, W., K. Tamm & E. Wallikewitz (1989): Drachen unserer Zeit. – Herpetologischer Fachverlag, Münster.

Schulte, R. (1980): Frösche und Kröten. – Ulmer-Verlag, Stuttgart.

– (1980): Bemerkungen zu Froschkrankheiten, speziell bei Dendrobatiden. – herpetofauna, Weinstadt, 5: 15–17.

– (1981): *Dendrobates bassleri* – Freilandbeobachtungen, Haltung und Zucht. – herpetofauna, Ludwigsburg, 3(12): 23–28

– (1981): *Dendrobates quinquevittatus*; Ökologie, Haltung und Zucht. – herpetofauna, Ludwigsburg, 3(10): 24–28.

– (1986): Eine neue *Dendrobates*-Art aus Ostperu (Amphibia: Salienta: Dendrobatidae). – Sauria, Berlin, 8(3): 11–20.

– (1987): Der Erstnachweis von *Dendrobates zaparo* für Peru. – Sauria, Berlin, 9(1): 17–18.

Schulte, R. & W. Utke (1979): Die Dendrobatiden Panamas Teil I. – herpetofauna, Weinstadt, 1(1): 6–12.

– (1979): Die Dendrobatiden Panamas Teil II. – herpetofauna, Weinstadt, 1(2): 8–14.

– (1979): Die Dendrobatiden Panamas Teil III. – herpetofauna, Weinstadt, 1(3): 11-13.

Siegenthaler, R. & C. Som (1994): Albinismus bei *Phyllobates lugubris*, mit Bemerkungen zur Haltung und Zucht. – herpetofauna, Weinstadt, 90: 12–14.

Silverstone, P. A. (1973): Observations on the behaviour and ecology of a columbian poison-arrow-frog *(Dendrobates histrionicus)*. – Herpetologica,- 29: 295–301.

– (1975): A revision of the poison-arrow frogs of the genus *Dendrobates* WAGLER. – Nat. Hist. Mus. Los Angeles Co. Sci. Bull. 21: 1–55.

– (1976): A revision of the poison-arrow frogs of the genus *Phyllobates* BIBRON in Sagra . . . – Nat. Hist. Mus. Los Angeles Co. Sci. Bull. 21: 1–53.

Staeck, L. (1992): Der kleine Erdbeerfrosch *Dendrobates pumilio*. Verhalten-Lebensweise-Bedrohung. – Biologie in unserer Zeit, Weinheim, 2: 79–83.

Steffen, D. & K. Steffen (1989): *Dendrobates leucomelas*, der gebänderte Baumsteiger – ein liebenswerter Geselle. – Aquarama, 1/2(4): 50–55.

Stettler, P. H. (1978): Handbuch der Terrarienkunde. – Franckh'sche Verlagsbuchhandlung, Stuttgart.

Stockey, R. & W. Schmidt (1990): Pfeilgift- und Färberfrösche. – DATZ, Stuttgart, 10: 608–611.

Torres, A. A. (1995): Nachzucht von *Myniobates virolinensis* . . . im Terrarium. MS elaphe (NF).

Villa, J., L. D. Wilson & J. D. Johnson (1988): Middle American Herpetology. – Univ. of Missouri Press.

Wachtel, H. (1990): Geheimnisvolle Färberfrösche. – DATZ, Stuttgart, 152–157.

Wells, K. D. (1978): Courtship and parental behavior in a panamanian poison-arrow-frog *(Dendrobates auratus)*. – Herpetologica, Lawrence, Kansas, 34(3): 148–155.

– (1980): Social behavior and communication of a dendrobatid frog *(Colostethus trinitatis)*. – Herpetologica, Lawrence, Kansas, 36(2): 189–199.

– (1980): Behavior ecology and social organisation of a Dendrobatid frog *(Colostethus inguinalis)*. – Behav. Ecol. Sociobiol., Heidelberg, 6: 199–209.

Weygoldt, P. (1980): Zur Fortpflanzungsbiologie von *Phyllobates femoralis* (BOULENGER) im Terrarium (Amphibia: Salienta: Dendrobatidae). – Salamandra, Frankfurt/M., 16(4): 215–226.

– (1980): Complex brood care and reproductive behavior in captive poison-arrow frogs, *Dendrobates pumilio* O. SCHMIDT. – Behav. Ecol. Sociobiol., Heidelberg, (7): 329–332.

– (1981): Beobachtungen zur Fortpflanzungsbiologie von *Dendrobates pumilio* SCHMIDT, 1857, im Terrarium. – Salamandra, Bonn, 20(2/3): 112–120.

– (1982): Durch Nachzucht erhalten. Der Färberfrosch *Dendrobates tinctorius*. – Aqua. Mag., Stuttgart, 16(1): 6–13.

– (1983): Durch Nachzucht erhalten: Blattsteigerfrösche. Drei Arten aus der *Phyllobates-pictus*-Gruppe. – Aqua. Mag., Stuttgart, 17(11): 566–572.

– (1987): Evolution of parental care in dart poison frogs. – Z. zool. System. Evol.-Forsch., Hamburg, 25(1): 51–67.

Weygoldt, P. & K. H. Jungfer (1993): Vom Fünfstreifenbaumsteiger und anderen Fröschen. – forschung, Mitteilung der DFG, 2: 4–7.

Ziegenhagen, J. (1984): Durch Nachzucht erhalten: Der azurblaue Baumsteiger. – Aqua. Mag., Stuttgart, 18(11): 528–532.

Zimmermann, E. (1983): Das Züchten von Terrarientieren. – Stuttgart (Franckh), 238 S.

– (1985): Verhaltensphysiologische Studien zur akustischen Kommunikation sowie Einfluß akustischer Stimulation auf den Glycokonjugatstoffwechsel im ZNS neotropischer Pfeilgiftfrösche (*Phyllobates tricolor*, Dendrobatidae, Anura). – Diss. Univ. Stuttgart-Hohenheim, 82 S.

Zimmermann, E. & H. Zimmermann (1982): Soziale Aktionen, Brutpflege und Zucht des Pfeilgiftfrosches *Dendrobates histrionicus*. – Salamandra, Frankfurt/M., 18(3–4): 150–167.

Zimmermann, H. (1974): Die Aufzucht des Goldbaumsteigers *Dendrobates auratus*. – Aqua. Mag., Stuttgart, 8(12): 526–531.

– (1978): Verhaltensbeobachtungen an Färberfröschen. – Aqua. Mag., Stuttgart, 12(9): 458–463.

– (1978): Tropische Frösche. Pflege und Zucht. – Stuttgart (Franckh), 72 S.

– (1982): Durch Nachzucht erhalten: *Phyllobates vittatus* und *P. lugubris*. – Aqua. Mag., Stuttgart, 16(2): 109–112.

Zimmermann, H. & E. Zimmermann (1980): Durch Nachzucht erhalten: Der Baumsteiger *Dendrobates leucomelas*. – Aqua. Mag., Stuttgart, 14(5): 211–217.

– (1980): Durch Nachzucht erhalten: Färberfrösche *Dendrobates histrionicus* und *D. lehmanni*. – Aqua. Mag., Stuttgart, 14(10): 562–569.

– (1981): Sozialverhalten, Fortpflanzungsverhalten und Zucht der Färberfrösche *Dendrobates histrionicus* und *D. lehmanni* sowie einiger anderer Dendrobatiden. – Z. Kölner Zoo 24(3): 83–99.

– (1984): Durch Nachzucht erhalten: Baumsteigerfrösche *Dendrobates quinquevittatus* und *D. reticulatus*. – Aqua. Mag., Stuttgart, 18(1): 35–41.

– (1985): Der gelbe Pfeilgiftfrosch—Phyllobates terribilis: Verhalten und Pflege. – Aqua. Mag., Stuttgart, 19(19): 424–427.

– (1985): Der gelbe Pfeilgiftfrosch – *Phyllobates terribilis*: Werbung und Eiablage. – Aqua. Mag., Stuttgart, 19(11): 460–463.

– (1985): Zur Fortpflanzungsstrategie des Pfeilgiftfrosches *Phyllobates terribilis* MYERS, DALY & MALKIN, 1978. – Salamandra, Bonn, 21: 281–297.

– (1988): Etho-Taxonomie und zoogeographische Artengruppenbildung bei Pfeilgiftfröschen . . . – Salamandra, Bonn, 24(2/3): 125–160.

Für alle Schildkröten-Fans

Andreas Nöllert
Schildkröten
2. überarb. Auflage
192 Seiten, 69 Farb-, 44 S/W-Fotos,
17 Zeichnungen, 17 x 24,5 cm,
Leinen mit Schutzumschlag,
68,– DM (Preisstand 1995)

Was der Terrarianer über Schildkröten
wissen muß, findet er in diesem speziellen Buch.
**Die Interessengemeinschaft
Schildkrötenschutz meint: „Ein Werk,
zu dessen Erwerb jedem Schildkröten-
liebhaber geraten werden kann."**

Faszinierende Wandlungskünstler

Landbuch Verlag

Postfach 160
30001 Hannover

Chamäleons im Terrarium

2. Auflage
Henkel/Heinecke
160 Seiten, 61 Farbfotos, 13
Zeichnungen,
2 Karten, 17 x 24,5 cm, lam.,
72,– DM (Preisstand 1995)

Dieses Buch bietet eine Übersicht zu den faszinierenden Chamäleons mit genauen Hinweisen zur Haltung und Nachzucht. Chamäleons galten jahrzehntelang als heikle Terrarientiere, heute können sie vom erfahrenen Terrarianer gepflegt werden. Dies ist u. a. der Verdienst der beiden kompetenten Autoren.